Gott garantiert Schuldenfreiheit

John Avanzini

ADULLAM

Die Bibelstellen sind in der Regel der Revidierten Elberfelder Bibel, Ausgabe 1987, entnommen

Titel der Originalausgabe:
GOD'S DEBT-FREE GUARANTEE/German
Aus dem Englischen übersetzt

Adullam Verlag
St.-Ulrich-Platz 8
85630 Grasbrunn
ISBN 3-931484-23-8

Bestellungen sind an obenstehende Adresse zu richten

1. Auflage, September 2000

Originally published in English by
Harrison House
P.O. Box 35035
Tulsa, Oklahoma 74153
under the title
God's Debt-Free Guarantee

Available in other languages from:
Access Sales International (ASI)
P.O. Box 700143
Tulsa, OK 74170-0143 USA
Fax: 001-918-496-28822

Printed in Germany

Herstellung:
Übersetzung: Jutta Sprycha
Umschlagsbearbeitung: Anne Dittrich, Druckerei Mißbach
Satz und Umbruch: Adullam Verlag
Druck: Holzmann Druck, Bad Wörishofen
Lektorat: Jutta Sprycha, Christa Schmidt

Dieses Buch ist
in respektvollem Gedenken
Pastor John Boden gewidmet,
der ein treuer Freund und Partner
in diesem Dienst gewesen ist.
Obwohl unsere Freundschaft nur kurz war,
werde ich sie nie vergessen.

Inhalt

1

Gottes Schuldenfreiheit

...der König... will seines Vaters Haus in Israel frei machen.
1. Samuel 17, 25 (Schlachter)

Die wenigsten Leute haben erkannt, wie groß die Belohnung in Wirklichkeit war, die David dafür erhielt, daß er Goliat getötet hatte. Das Wort Gottes teilt uns mit, daß der König zusätzlich zu den zwei anderen wertvollen Belohnungen, die David erhielt, *alle Schulden erließ, die Davids Vater hatte* oder je haben würde.

Denk einmal einen Augenblick darüber nach. Weil ein junger Schafhirte Gott erlaubt hatte, ihn zu benutzen, erhielt er von der höchsten Autorität seines Landes einen *Schuldenfreibrief*. Behalte dabei im Auge, daß David ebenso zum Haus seines Vaters gehörte, wie Davids Kinder eines Tages zu seinem Haus gehören würden. Als David die Schreckensherrschaft Goliats beendete, zerbrach er damit auch die Last der Schulden, und zwar nicht nur im Leben seines Vaters, sondern auch in seinem eigenen Leben.

Ein umfassender Schuldenerlaß

Beachte, wie wertvoll Davids Schuldfreibrief dadurch war, daß der König mit seinem Wort dafür bürgte. Wir werden uns nun eingehender mit einigen Schriftstellen befassen, um die ganze Tragweite dessen zu erfassen, was der König demjenigen versprochen hatte, der den Riesen namens Goliat besiegen würde.

> *... Habt ihr diesen Mann gesehen, der da heraufkommt? Denn er ist aufgetreten, um Israel Hohn zu sprechen! Darum, wer ihn schlägt, den will der König reich machen und ihm seine Tochter geben* ***und will seines Vaters Haus in Israel frei machen****.*
>
> *1. Samuel 17, 25 (Schlachter)*

Die Bibel sagt uns hier, daß auf die Person, die den Riesen tötete, drei Belohnungen warteten. Zunächst würde der König den Sieger mit großem finanziellem Reichtum belohnen. Außerdem würde er ihm erlauben, seine Tochter zu heiraten. Allein diese beiden Belohnungen ermöglichten es dem Gewinner bereits, wie ein König zu leben. Doch darüber hinaus würde er noch eine Belohnung erhalten, die das gesamte Familienleben seines Vaters völlig verändern würde. Die ganze Familie des Mannes, der den Riesen schlagen würde, sollte den Rest ihres Lebens *völlig schuldenfrei verbringen können.* Und auf diesen Teil des Versprechens möchte ich dich in diesem Buch aufmerksam machen. Ich möchte dir Schritt für Schritt zeigen, wie du Gottes Schuldenfreiheit empfangen und in deinem Leben umsetzen kannst.

Entblößt

Ich möchte dich noch auf eine weitere wichtige Information hinweisen, die in dieser Schriftstelle enthalten ist. Es ist die wörtliche Bedeutung des Namens *Goliat.* Hinter diesem Namen steckt weit mehr, als man im ersten Augenblick erkennt.

Wenn du dich näher damit befaßt, findest du heraus, daß *Goliat* kein Name ist, der von den Philistern kommt. Vielmehr hatten die Hebräer dem Riesen diesen Namen gegeben. In der *Strong's Concordance* ist das hebräische Wort unter Nummer 1555 aufgelistet. Dort unterscheidet sich die Schreibweise ein wenig von unserer deutschen Schreibweise. Statt des „i's" enthält das hebräische Wort ein „y". Goliat stammt von dem Wort Nummer 1540 *galah* ab, das im hebräischen Wörterbuch folgendermaßen definiert wird: „entblößen, nackt ausziehen".

Wenn also von Goliat die Rede ist, bedeutet sein Name wörtlich: *„der, der gefangen nimmt und nackt auszieht"*. Diese Definition ist bezeichnend, weil Goliat der Name ist, mit dem die Hebräer den Riesen beschrieben hatten. Er verdeutlicht, wie die Hebräer sich fühlten, nachdem sie unter seine Kontrolle geraten waren. Er hatte sie gefangengenommen und dann regelrecht nackt ausgezogen!

Schulden werden dich alles kosten

Wenn du einen Augenblick nachdenkst, wirst du zu dem Schluß kommen, daß der Name *Goliat* äußerst treffend beschreibt, welche Auswirkung der Geist der Schulden auf seine Opfer hat. Könnte man das Gefühl, das du empfindest, wenn du feststellen mußt, daß der Staat 25 bis 35 Prozent deines hart erarbeiteten Einkommens für Steuern einbehalten hat, noch treffender beschreiben als durch die Formulierung, daß du dir entblößt vorkommst? Und dieses Gefühl wird nicht besser, wenn du bedenkst, daß diese hohen Steuern, die du bezahlst, einer verschwenderischen, verschuldeten Regierung zu verdanken sind, die schon seit so langer Zeit zu viel ausgibt und dann Geld leiht, um die Finanzlöcher zu stopfen, daß sich niemand mehr an etwas anderes erinnern kann.

Und als ob du mit deinen Steuerabgaben nicht schon genug hättest, wirst du noch zusätzlich durch die Ratenzahlungen für dein Haus, für dein Auto, durch die Abbuchungen von deiner Kreditkarte, durch Hypotheken und andere Rechnungen entmutigt, die das, was von deinem Gehalt noch übriggeblieben ist, systematisch verschlingen!

Jeder, der über einen längeren Zeitraum verschuldet ist, wird dir ganz schnell sagen können, was für ein Gefühl das ist. Man kommt sich vor, als ob man gefangen ist und nach und nach ausgezogen wird.

Wenn du verschuldet bist, befindest du dich in einer schrecklichen Zerreißprobe, die ohne Unterlaß an deinen Hoffnungen und Träumen nagt.

Mein lieber Freund, wenn du Schulden hast, dann solltest du dir die Dinge, die dir der Geist Gottes in diesem Buch sagen möchte, unbedingt zu Herzen nehmen. Es gibt nur einen Weg, wie du die zerstörerische Macht aufhalten kannst, die durch Verschuldung in deinem Leben wirksam ist. Du mußt *den Goliat – sprich die Schulden – vollständig besiegen,* der gekommen ist, um deine Träume aufzufressen.

Schulden sind ein Geist. Es handelt sich hierbei um einen herrschenden Geist, dessen einzige Absicht es ist, dich zum Sklaven zu machen. Bitte denke jetzt nicht, ich hätte diese Schlußfolgerung selbst erfunden. Nein, sie ist eine Wahrheit, die aus dem Wort Gottes stammt, denn die Bibel sagt, daß derjenige, der sich Geld leiht, zum Sklaven wird.

> *...und Sklave ist der Schuldner seinem Gläubiger.*
>
> *Sprüche 22, 7*

Fünf wirkungsvolle Konzepte

Der biblische Bericht von Davids Sieg über den Riesen enthält besondere Wahrheiten, die dir helfen werden, Gottes Schuldenfreiheit zu erlangen und nicht mehr loszulassen. Das Wort Gottes teilt uns mit, daß David etwas bei sich hatte, als er das Schlachtfeld betrat, um gegen Goliat anzutreten. Er hatte fünf glatte Steine in seiner Hand. Das war die Munition, die er im Kampf gegen Goliat einsetzen wollte. Die Bibel berichtet, daß er diese Steine aus einem Bach geholt hatte.

> *Und er nahm... fünf glatte Steine aus dem Bach...*
>
> *1. Samuel 17, 40*

Wasser wird oftmals als Symbol für die Heilige Schrift verwendet.

> *...um sie zu heiligen, sie reinigend durch **das Wasserbad im Wort**...*
>
> *Epheser 5, 26*

Du brauchst nicht viel Phantasie, um erkennen zu können, daß der Bach in diesem Zusammenhang ein Sinnbild für das Wort Gottes ist.

Bitte beachte etwas sehr Wichtiges im Hinblick auf die Steine, die David aus dem Bach holte. Es waren glatte Steine. Ihr Zustand verrät uns, daß sie schon sehr lange im Fluß gelegen haben müssen. Die ständige Strömung, der sie ausgesetzt waren, hatte mit der Zeit alle rauhen Ecken und Kanten abgeschliffen. Dasselbe gilt für jede Wahrheit, die aus dem Wort Gottes kommt. Alles, was du in der Bibel finden kannst, ist erprobt und wahr und hat die Zeit überdauert.

...dein Wort ist Wahrheit.

Johannes 17, 17

Die Illustrationen der Bibel haben die Menschen zu jeder Zeit sehr inspiriert, und dieser bildhafte Vergleich wird dir heute sehr nützlich werden. Ich werde dir zeigen, wie du fünf bewährte Konzepte der Bibel anwenden kannst, um den Kampf gegen Goliat – gegen deine Schulden – zu gewinnen, vor dem du jetzt stehst. Diese Wahrheiten enthalten das Versprechen, daß Gott Seine Macht aufbieten wird, um dir in dieser Schlacht gegen die Verschuldung beizustehen.

Garantierte Schuldenfreiheit

Jeder einzelne der Steine, den ich in deine Hand legen werde, birgt genügend Kraft in sich, die Schulden, die du momentan hast, für immer auszulöschen. Wenn du sie jedoch alle zusammenlegst und treu von ihnen Gebrauch machst, wirst du sogar noch mehr erreichen, als nur schuldenfrei zu werden. Sie werden dir Gottes Schuldenfreiheit für dein ganzes Leben zusichern.

Betrachte diese Konzepte bitte nicht in der Annahme, ich hätte sie mir ausgedacht. Es ist mir sehr wichtig, daß du erkennst, was sie wirklich sind: Sie sind *göttliche Ideen*. Je mehr du von diesem Buch liest, desto deutlicher wirst du sehen, daß diese Konzepte nicht nur in einem menschlichen Gehirn entstanden sein können. Sie sind Gedanken unseres großartigen Gottes.

Hochkarätige Wahrheiten warten auf dich

Die fünf wirkungsvollen Konzepte, auf die ich dich aufmerksam machen möchte, sind:

- **Stein Nr. 1: Drei Dinge, die du wissen mußt!**

Erstens, Gott ist ein Gott, der Schulden auslöscht.
Zweitens, Er behandelt alle Menschen gleich; Er bevorzugt niemanden.
Drittens, Er möchte, daß du schuldenfrei wirst.

- **Stein Nr. 2: Zwei Dinge, die du tun mußt!**

Erstens, du mußt anfangen, die Dinge zu tun, die dich aus den Schulden herausbringen werden.
Zweitens, du mußt anfangen davon zu sprechen, daß du schuldenfrei werden wirst.

- **Stein Nr. 3: Sorge dafür, daß der Himmel über dir geöffnet ist!**

Du mußt treu deinen Zehnten bezahlen.

- **Stein Nr. 4: Erzeuge einen Strom, der dich aus deinen Schulden hinausschwemmt!**

Du mußt in deinem Kampf gegen die Schulden die goldene Regel anwenden.

- **Stein Nr. 5: Mache den Himmel auf dich aufmerksam!**

Du mußt dir Beachtung verschaffen, um darauf aufmerksam zu machen, daß du die Absicht hast, schuldenfrei zu werden.

Öffne dein Herz, denn die Seiten dieses Buches enthalten göttliche Weisheit, die dir begreiflich macht, wie du mit Gottes Hilfe garantiert schuldenfrei werden kannst.

Der große Fehler

Bitte erliege nicht dem Irrtum, daß du eines Tages schuldenfrei sein wirst, indem du jeden Monat brav deine Zahlungen leistest. Auf diese Weise kommst du nicht zum Ziel. Wenn dies der richtige Weg wäre, müßte man an allen Ecken Leute treffen, die ihre Schulden losgeworden sind. Ich kann das behaupten, weil die meisten Menschen, die verschuldet sind, jeden Monat treu ihre Raten abbezahlen. Trotzdem werden nur wenige von ihnen jemals schuldenfrei. Der Grund dafür ist einfach. Der Geist der Schulden zieht sie tiefer und tiefer in den Abgrund.

Solltest du die Hoffnung hegen, den Geist der Schulden zu überwinden, dann *brauchst du einen Plan.* Dieser Plan muß wirkungsvoll und durchschlagend sein; es muß ein Plan sein, hinter dem die gesamte Macht Gottes steht, denn dann ist dein Sieg garantiert.

Nachdem ich mich seit fünfzehn Jahren mit dem Thema Schulden befasse, kann ich mit Überzeugung sagen, daß es nichts Wirkungsvolleres gibt, was Menschen dauerhaft von ihren Schulden befreit, als das wahre, ewig gültige Wort Gottes. Dabei mußt du allerdings beachten, daß es nicht nur die Wahrheit allein ist, die dich frei macht. Es ist die Wahrheit aus Gottes Wort, *die du kennst.* Glaube mir, solange du eine Wahrheit nicht erkennst, kannst du nicht in ihr leben.

> *...und ihr werdet die Wahrheit erkennen, und die Wahrheit [, die ihr kennt,] wird euch frei machen.*
>
> *Johannes 8, 32*

Bitte betrachte Gottes Garantie für Schuldenfreiheit auch nicht als eine neue Idee, denn das ist sie nicht. Sie ist nur eine *vernachlässigte* Wahrheit.

Du kannst Goliat besiegen

Dank sei Gott für Sein wunderbares Wort! Durch Sein Wort teilt Er uns mit, wie wir alles, was der Teufel gegen uns verwendet, überwinden können.

> *Und sie [Menschen wie du] haben ihn [den Teufel] überwunden... um des Wortes ihres Zeugnissen willen...*
>
> *Offenbarung 12, 11*

Der Apostel Johannes teilt uns mit, daß wir Kraft zum Überwinden erhalten, wenn wir die Erfahrungsberichte anderer gläubiger Menschen hören. Ja, du hast richtig gelesen. Gott hat es möglich gemacht, daß dir durch die Berichte anderer über ihre Glaubenssiege die innere Stärke und der Einblick vermittelt wird, die du brauchst, um den Teufel zu überwinden. In diesem Buch werde ich fortlaufend Erfahrungsberichte von Menschen wie du und ich abdrucken, die den Goliat – nämlich ihre Schulden – besiegt haben. Ihre Siegesbotschaften werden deinen Glauben vergrößern, während du selbst beginnst, deinen Schuldenfreiheitsplan in die Tat umzusetzen.

Wenn du nun deine Hand öffnest und zur nächsten Seite umblätterst, werde ich dir Stein Nr. 1 geben.

2

Drei Dinge, die du wissen mußt

...und die Wahrheit [, die ihr kennt,] wird euch frei machen.
Johannes 8, 32

Gott schweigt sicherlich nicht zum Thema Schulden. In der Bibel findet man zahlreiche Berichte darüber, wie Gott Seine Leute auf wunderbare Weise von ihren Schulden befreit hat. Tatsächlich ist in der Heiligen Schrift häufiger von Menschen die Rede, deren Schulden ausgelöscht, als von Blinden, die sehend wurden oder von gelähmten Menschen, die wieder gehen konnten. Das Wort Gottes ist im Grunde genommen von vorne bis hinten voller Aussagen zum Thema Schuldentilgung.

Stein Nr. 1

Den ersten Stein, den du in die Hand nehmen mußt, ist *eine Information.* Gott hat drei wichtige Informationen für dich, die du dir ganz fest einschärfen mußt. Es ist von großer Bedeutung, daß du jedes dieser Prinzipien wirklich begreifst. Sobald dies geschehen ist, wirst du spüren, wie die Kraft Gottes in deinen Schuldenfreiheitsplan hineinströmt. Bitte glaube mir, dies sind nicht nur leere Worte. *Göttliche Kraft,* die real existiert und dich fähig macht, *wird von Gott ausgehen und in dein Leben fließen.*

Ich hoffe, du weißt, daß Menschen von Gott tatsächlich Kraft erhalten. Es gibt zahlreiche Schriftstellen, die diese Tatsache belegen. Du erinnerst dich vielleicht daran, daß die Kraft Gottes von Jesus ausging, als die Frau mit Blutfluß Seine Kleidung berührte. Als sie nach der Wahrheit (Jesus) gegriffen hatte, ging Kraft von Ihm aus und strömte in sie hinein. Es war genau die Kraft, die sie brauchte, denn sie brachte die Blutungen sofort zum Stillstand und heilte ihren Körper.

> *Und sogleich **erkannte Jesus in sich selbst die Kraft, die von ihm ausgegangen war**, wandte sich um in der Volksmenge und sprach: Wer hat mich angerührt?*
>
> *Markus 5, 30*

In derselben Weise wird die Kraft, die du benötigst, von Gott ausgehen und direkt in dein Leben fließen. Jede dieser Wahrheiten aus Gottes Wort wird einen Schub göttlicher Kraft in deinem Schuldenfreiheitsplan freisetzen.

Die drei Wahrheiten, die du kennen mußt, sind:

1. Gott ist ein Gott, der Schulden auslöscht.
2. Gott behandelt alle Menschen gleich; Er bevorzugt niemanden.
3. Gott möchte, daß du schuldenfrei wirst.

Gott kann alles tun

Es versteht sich von selbst, daß Gott alles tun kann. Die Bibel drückt sich in diesem Punkt sehr klar aus.

...Herr, Herr! ...kein Ding ist dir unmöglich...

Jeremia 32, 17

Daran gibt es keinen Zweifel. Der allmächtige Gott kann Schulden tilgen. Nachdem wir diese Wahrheit festgelegt haben, laß mich dir sagen, daß das Wissen – Gott *kann* Schulden auslöschen – allein nicht ausreicht, um deinem Schuldenfreiheitsprogramm die erforderliche göttliche Kraft zu verleihen. Ich werde durch folgenden bildhaften Vergleich verdeutlichen, was ich damit meine.

Nehmen wir einmal an, du brauchst 200.000 DM, um ein Haus zu kaufen. Zweifellos wäre Gott in der Lage, in deinem Garten auf wundersame Weise eine Pflanze wachsen zu lassen, deren Laub nicht aus Blättern, sondern aus 1.000-DM-Scheinen bestünde. Er könnte Hunderte von diesen 1.000-DM-Scheinen an deinem besonderen Geldbaum wachsen lassen. All diese Scheine zusammengenommen könnten die Summe von 200.000 DM ergeben, die du benötigst, um das Haus kaufen zu können.

Niemand, der bei Verstand ist, würde wagen zu behaupten, daß für Gott ein solches Wunder unmöglich sei – und jemand, der weiß, daß Gott früher bereits weitaus erstaunlichere Dinge getan hat, schon gar nicht. Er hat es nämlich fertiggebracht, daß ein Esel spricht (4. Mose 22, 28), daß Eisen schwimmt (2. Könige 6, 6) und daß Öl sich vervielfacht (2. Könige 4, 5-6). Zu wissen, *daß Gott etwas tun kann,* bewirkt jedoch noch nicht, daß *Er es auch tun wird.*

Gott hat früher bereits Schulden ausgelöscht

Die erste Information, die du haben mußt, ist *nicht*, daß Gott *fähig* ist, von Schulden zu befreien. Du mußt vielmehr wissen, daß *Er früher bereits Schulden ausgelöscht hat.* Ich werde dich durch die Bibel führen und dir einige der vielen wundervollen Schuldentilgungen zeigen, die Gott in der Vergangenheit vollbracht hat.

Einer Witwe werden ihre Schulden erlassen (2. Könige 4, 1-7)

Gott griff durch ein Wunder ein und löschte die Schulden einer Witwe aus. Er tat dies genau an dem Tag, als ihre beiden Söhne Sklaven ihres Gläubigers werden sollten. Du findest den Bericht über diese durch ein Wunder bewirkte Schuldentilgung in 2. Könige, Kapitel 4. Es heißt in der Bibel, daß der Ehemann dieser armen Frau gestorben war. Die Ursache für seinen Tod wird dort nicht erwähnt, doch es könnte gut möglich sein, daß ihn der ständige Druck, der durch die Schuldenbelastung in seinem Leben herrschte, schließlich umgebracht hatte. Anhand der Schriftstellen erfahren wir außerdem, daß ihre beiden Söhne viele Jahre lang hart arbeiten hätten müssen, um die Schulden ihres Vaters abzubezahlen.

In einem verzweifelten, letzten Versuch wendet sich die Witwe an einen Mann Gottes, um ihn wegen ihrer finanziellen Probleme um Hilfe zu bitten – nur einige Augenblicke, bevor es zu spät dafür gewesen wäre. Kaum daß sie ihm ihre Lage geschildert hat, übermittelt er ihr eine machtvolle und befreiende Nachricht. Er fordert sie auf, sich Gefäße auszuleihen, viele Gefäße. Dann soll sie in ihr Haus gehen und anfangen, ihr restliches bißchen Öl in die Gefäße zu gießen, die sie sich geborgt hat.

Als sie dem Propheten gehorcht, *ereignet sich das Wunder, durch das ihre Schulden getilgt werden.* Es ist ein so erstaunliches Wunder, daß sie und ihre beiden Söhne dadurch völlig schuldenfrei werden und ihr Leben finanziell abgesichert ist. Aus ihrem kleinen Krug Öl ergeben sich durch ein Wunder viele, viele Liter Öl.

Hör zu, wie der Mann Gottes sie anweist, einen Teil des Öls zu verkaufen, ihre Schulden zu bezahlen und den Rest für ihre Altersversorgung zu verwenden.

> *...Geh hin, verkaufe das Öl und bezahle deine Schulden! Du aber und deine Söhne, ihr könnt von dem restlichen Öl leben.*
>
> *2. Könige 4, 7*

Es ist bemerkenswert, daß Gott den Tag, an dem der Teufel ihr am übelsten mitspielen wollte, in *den besten Tag ihres Lebens* umwandelte. All dies konnte nur geschehen, weil sie wußte, daß ihr Gott ein Gott war, der Schulden auslöschte. Als sie sich wegen ihrer Schulden statt an ihren Gläubiger an den allmächtigen Gott wandte, um von Ihm Hilfe zu bekommen, setzte sie Gottes Kraft in ihrem Schuldenfreiheitsplan frei. So stand sie an dem Tag, an dem Böses für sie vorgesehen war, nicht alleine da. Sie übergab Gott im Glauben ihr Schuldenproblem, weil sie wußte, daß Er ein Gott war, der Schulden tilgte.

Ihr Glaube zahlte sich aus, als ihr Wunder, durch das sie ihre Schulden bezahlen konnte, eintraf.

Ich möchte, daß du folgenden Satz laut aussprichst: ***„Mein Gott ist ein Gott, der Schulden auslöscht.“***

Zeugnisbericht:
Durch ein Wunder sind wir einen Schuldenbetrag in Höhe von $ 6.000, mit der eine unserer Kreditkarten belastet war, losgeworden.
T. & M.O. – Clarkston, GA

Das geliehene Eisen einer Axt schwimmt (2. Könige 6, 5-7)

Wenn wir in 2. Könige nur einige Seiten weiterblättern, stoßen wir auf ein weiteres Wunder, durch das Schulden ausgelöscht wurden. Es ereignete sich im Leben eines jungen Mannes, dem das Eisen einer Axt in den Fluß gefallen war. Der Verlust dieses Eisens war deshalb so tragisch, weil es nicht zu irgendeiner alten Axt gehörte. Die Schrift teilt uns vielmehr mit, daß es sich um ein geliehenes Eisen einer Axt handelte.

...Ach, mein Herr! Und dabei ist es doch geliehen!
2. Könige 6, 5

Beachte, was der junge Mann zuallererst tut. Er schreit zu Gott um Hilfe. Eigentlich würde man denken, er sollte nach dem besten Taucher rufen oder wenigstens nach dem besten Schwimmer. Doch das tut er nicht; statt dessen wendet er sich an Gott. Sein Handeln läßt vermuten, daß er seinen Gott kannte und wußte, daß Er Schulden auslöschte.

Ist dir aufgefallen, daß auch der Prophet glaubte, daß Gott von Schulden freimacht. Als er erfahren hatte, daß das Eisen der Axt geliehen war, handelt der Mann Gottes sofort, und *das Eisen erscheint durch ein Wunder wieder an der Oberfläche.*

> *...und brachte das Eisen zum Schwimmen. ... Da streckte er seine Hand aus und nahm es.*
>
> *2. Könige 6, 6-7*

Kannst du dir vorstellen, wie dieser junge Mann voller Freude darüber nach Hause ging, daß sein Gott Schulden auslöscht? Denk einmal darüber nach. Ein Wunder Gottes hatte ihn von seiner Schuldenlast freigemacht. Derselbe allmächtige Gott, der das geliehene Eisen vom Grund des Flusses an die Oberfläche schwimmen ließ, ist auch dein Gott, und Er ist ein Gott, der von Schulden befreit.

Bitte sage es noch einmal laut und deutlich: ***„Mein Gott ist ein Gott, der Schulden auslöscht.“***

Eine Nation wird schuldenfrei (Nehemia 5, 1-12)

Zur Zeit Nehemias hatte sich ein Schuldenberg in schwindelnder Höhe gebildet. Es war damals fast so wie heute. Die Nation war schwer verschuldet. Die Leute hatten so große Probleme, daß sie ihren Besitz verpfänden mußten.

> *...Wir mußten unsere Felder und unsere Weinberge und unsere Häuser verpfänden, damit wir in der Hungersnot Getreide bekamen.*
>
> *Nehemia 5, 3*

Und nicht nur das, sie mußten außerdem Geld leihen, damit sie ihre Steuern bezahlen konnten.

> *...Wir haben für die Steuer des Königs Geld geliehen auf unsere Felder und unsere Weinberge.*
>
> *Nehemia 5, 4*

Dieselbe Situation finden wir im Augenblick in unserem eigenen Land vor. Viele müssen Geld leihen, um ihre Steuern bezahlen zu können. Doch wie trostlos diese Notlage auch erscheinen mag, für unseren Gott ist sie nur ein geringes Problem.

Nehemia handelte in dem völligen Vertrauen darauf, daß der Gott Israels ein Gott ist, der schuldenfrei macht. Er befiehlt den Gläubigern, den Menschen ihre Schulden zu erlassen und sie freizugeben. Durch ein Wunder bewegt Gott alle Gläubiger dazu, der gesamten Nation ihre Schulden zu erlassen. Ja, du hast richtig gelesen. Jedes Kind Gottes wurde *an einem einzigen Tag völlig schuldenfrei.*

> *... auch ich [Nehemia] und meine Brüder und meine Diener, wir haben ihnen Geld und Getreide geliehen. Erlassen wir ihnen doch diese Schuldforderung! Gebt [ihr Gläubiger] ihnen doch gleich heute ihre Felder, ihre Weinberge, ihre Olivengärten und ihre Häuser zurück! Und erlaßt ihnen die Schuldforderung an Geld und Getreide, an Most und Öl, das ihr ihnen geliehen habt! Da sagten sie: Wir wollen es zurückgeben und nichts von ihnen fordern. Wir wollen so handeln, wie du es gesagt hast...*
>
> *Nehemia 5, 10-12*

Beachte, daß Nehemia kühn die Schuldenberge der Menschen ansprach, und ebenso sicher, wie er redete, löschte sein Glaube die Schulden seiner Leute aus.

> *...Wenn ihr Glauben habt und nicht zweifelt... wenn ihr auch zu diesem Berg sagen werdet: Hebe dich empor und wirf dich ins Meer! So wird es geschehen.*
>
> *Matthäus 21, 21*

Die Bibel teilt uns mit, daß Nehemias Landsleute schuldenfrei wurden, als sie daran glaubten, daß ihr Gott die Fähigkeit hatte, sie von ihren Schulden freizumachen.

Sprich es noch einmal laut aus: ***„Mein Gott ist ein Gott, der Schulden auslöscht."***

***Zeugnisbericht*:**
Der Herr segnete uns mit $ 5.800, damit wir drei Kreditkarten abbezahlen konnten.
J. G. – Hollywood, FL

Jesus wird von einer Schuldenlast befreit (Matthäus 17, 24-27)

Das nächste Beispiel, in dem zum Ausdruck kommt, daß Gott die Macht hat, Schulden auszulöschen, stammt aus dem Neuen Testament. Die Schulden, um die es sich in diesem Fall handelt, sind Steuerschulden. Viele Kinder Gottes haben überfällige Steuerschulden. Ich habe schon etliche Briefe erhalten, in denen ich gefragt wurde, ob Gott auch Steuerschulden tilgt. Preis sei Gott, sicherlich tut Er das. Und was noch besser ist, Er hat es zweifellos schon getan.

Die Bibel teilt uns mit, daß Gott für jemanden bezahlt hat, den wir alle sehr gut kennen und lieben. Er hat es für unseren Herrn und Erlöser Jesus Christus getan! Den Bericht über diese wunderbare Schuldentilgung finden wir im 17. Kapitel des Matthäusevangeliums. Dort lesen wir von einem Steuereintreiber, der Simon Petrus zur Rede stellt. Er fragt, ob Jesus Seine Steuern (Zoll) bezahlen würde. Petrus weist den Mann sofort darauf hin, daß Jesus dies selbstverständlich tat. Nachdem Petrus sich von dem Steuereintreiber abgewandt hatte, um das geforderte Geld aus der Kasse zu holen, setzt unser Herr ein Wunder in Gang, durch das *ihrer beider Steuerschulden bezahlt werden können.*

Beachte, daß Jesus Petrus ganz bewußt von seinem Vorhaben, die Steuern von den finanziellen Reserven des Dienstes zu bezahlen, abbringt.

> *...Und als er in das Haus eintrat,* ***kam Jesus ihm zuvor****...*
>
> *Matthäus 17, 25*

Statt dessen forderte Jesus Petrus auf, angeln zu gehen. Hierbei ist zu bemerken, daß es sich nicht um gewöhnliches Fischen handelte, denn es sollte nur ein einziger Fisch gefangen werden. Aber was für ein *wundersamer Fisch* das sein würde, denn er hatte Geld im Maul!

> *...geh an den See, wirf eine Angel aus und nimm den ersten Fisch, der heraufkommt,* ***öffne sein Maul, und du wirst einen Stater*** *[ein Vierdrachmenstück] finden; den nimm und gib ihnen für mich und für dich.*
>
> *Matthäus 17, 27*

Hier steht es schwarz auf weiß. Gott hat ein Wunder gewirkt, um die Schulden Jesus´ zu begleichen. Leg los und sage noch einmal ganz laut, aber diesmal so, als ob du davon überzeugt seist: ***„Mein Gott ist ein Gott, der Schulden auslöscht!"***

***Zeugnisbericht*:**
Gott hat durch ein Wunder unsere Steuerschulden bezahlt und uns zusätzlich noch Geld gegeben, das wir säen konnten.

B.B. – Euless, TX

Es gibt biblische Berichte über Schuldentilgungen in Hülle und Fülle

Du wirst im Wort Gottes noch viele andere Wunder finden, durch die Menschen von ihren Schuldenlasten befreit wurden. Die folgenden vier Ereignisse werden ebenfalls mit dazu beitragen, das diese Wahrheit in deinem Herzen und in deinem Verstand verankert wird. Dein Gott besitzt weitaus größere Fähigkeiten als die, daß Er Schulden auslöschen *kann*. In Wirklichkeit ist Er der Gott, der Sein Volk immer und immer wieder von seinen Schulden befreit.

Wenn du diese biblischen Berichte liest, erhältst du weitere Informationen zu diesem Thema:

1. Ein Sklave namens Onesimus kam von seinen Schulden los (Philemon 10-19).

2. Auch König Davids Vater wurde schuldenfrei (1. Samuel 17, 25).

3. Dem gesamten Volk Israel wurde alle sieben Jahre seine gesamte Schuldenlast erlassen. Diese Schuldentilgung fand zu einem Zeitpunkt statt, den wir das „Erlaßjahr" nennen (5. Mose 15, 1-2).

4. Alle 50 Jahre, im sogenannten „Jobeljahr“, gab es in Israel einen besonderen Grund zum Feiern, denn alle Schulden wurden ausgelöscht. Bei diesem Anlaß erließen die Gläubiger alle Schulden und gaben allen Besitz wieder an die ursprünglichen Eigentümer zurück (3. Mose 25).

Ich möchte, daß du es noch einmal sagst: ***„Mein Gott ist ein Gott, der Schulden auslöscht!“***

Spüre, wie die Kraft fließt

Nachdem du nun weißt, daß Gott bereits in der Vergangenheit Schulden ausgelöscht hat, möchte ich zu dieser Erkenntnis hinzufügen, *daß Er heute derselbe ist, der Er gestern war und der Er in alle Ewigkeit sein wird.*

Im Bewußtsein dieser machtvollen „Doppelpack“-Wahrheit wirst du sofort erleben, wie Gottes Kraft in deinen Schuldenfreiheitsplan hineinströmt.

> *Jesus ist derselbe gestern und heute und in Ewigkeit.*
>
> *Hebräer 13, 8*

Das ist eine Erkenntnis, die Kraft freisetzt, denn Gott hat bereits in früheren Zeiten Schulden getilgt, und die Bibel sagt, daß Er es auch weiterhin tun wird. Halleluja! Dein Gott macht auch heute noch schuldenfrei. Wenn Er es früher getan hat, kannst du dich darauf verlassen, daß Er dasselbe auch in unseren Tagen tut.

Gott behandelt alle Menschen gleich

Es gibt noch eine zweite Tatsache, die du wissen mußt. *Dein Gott bevorzugt niemanden.*

> *...In Wahrheit begreife ich, daß Gott die Person nicht ansieht...*
>
> *Apostelgeschichte 10, 34*

Du hast gerade erfahren, daß Gott schon früher Schulden ausgelöscht hat. Wenn du zu diesem Wissen die Tatsache hinzufügst, daß Gott alle Menschen gleich behandelt, wirst du in der Lage sein, dein Schuldenfreiheitsprogramm mit noch mehr göttlicher Kraft aufzuladen. Wenn du weißt, daß Gott bereits etwas Bestimmtes für eine einzelne Person getan hat, dann kannst du sicher sein, daß Er dasselbe auch für dich tun wird.

Er sorgte dafür, daß die Schulden der Witwe bezahlt wurden (2. Könige 4); Er beglich die Schuld des jungen Mannes, der das Eisen einer Axt geliehen hatte (2. Könige 6); Er bewirkte, daß die Schulden von Nehemias Landsleuten erlassen wurden (Nehemia 5). Und Er bezahlte sogar die Steuerschulden unseres Herrn und Erlösers Jesus Christus (Matthäus 17). Wenn du weißt, daß Er all diesen Menschen geholfen hat, von ihren Schulden loszukommen, kannst du dich darauf verlassen, daß Er bereit und gewillt ist, auch dir zur Schuldenfreiheit zu verhelfen. Wenn Er es für andere getan hat, *wird Er es auch für dich tun,* weil Er alle Menschen gleich behandelt und niemanden bevorzugt!

> *...In Wahrheit begreife ich, daß Gott die Person nicht ansieht...*
>
> *Apostelgeschichte 10, 34*

Gott möchte, daß du schuldenfrei bist

Es gibt noch einen dritten Punkt, den du wissen mußt. Wenn du ihn begriffen hast, wird durch diese Erkenntnis noch mehr von Gottes befähigender Kraft in deinen Schuldenfreiheitsplan fließen. Du mußt, ohne auch nur den geringsten Zweifel daran zu hegen, davon überzeugt sein, daß *Gott dich schuldenfrei sehen möchte.*

Bitte beachte: Ich habe nicht gesagt, du mußt wissen, daß Gott nicht möchte, daß Menschen verschuldet sind. Was du brauchst ist persönliche Erkenntnis, die weit über diese Tatsache hinausgeht, wenn noch mehr von Gottes Kraft in deinem Schuldenfreiheitsprogramm wirksam werden soll. Du mußt wissen, daß es Gottes vollkommener Wille für *dein Leben* ist, dich völlig schuldenfrei zu machen.

Versuche diese Information auf dich persönlich zu beziehen, indem du deinen Namen in folgenden Satz einfügst: „Gott möchte, daß ________________ (Setze hier deinen Vor- und Nachnamen ein!) frei von Schulden ist!" Wiederhole diesen Satz so oft, bis diese Wahrheit tief in dein Bewußtsein eingedrungen ist.

***Zeugnisbericht*:**
Durch deine Lehre ist uns klar geworden, daß Gott uns schuldenfrei machen möchte. Zum damaligen Zeitpunkt konnten wir uns kaum über Wasser halten, doch wir sagten den Schulden den Krieg an, und innerhalb weniger Monate konnten wir über $ 6.000 von unseren Schulden abbezahlen. ***C.D. – Adair, OK***

Was Gott wegen deiner Schulden empfindet

Stell dir einmal vor, was geschehen würde, wenn du heute vor Gott stehen und fragen würdest, wie Er sich im Hinblick auf deine Schulden fühlt, und ich meine alle finanziellen Verpflichtungen – sowohl die Schulden für dein Haus als auch die Ratenzahlungen für dein Auto, deinen Dispokredit und alle anstehenden, unbezahlten Rechnungen. Was würde Er antworten? Würde Er sagen, „Deine Schulden interessieren mich nicht. Sei einfach vernünftiger und übernimm dich nicht"? Oder würde Er sagen, „Mein liebes Kind, *mein Herzenswunsch ist, daß du völlig schuldenfrei bist"?*

In Gottes Wort steht schwarz auf weiß, daß Er dich frei von Schulden sehen will. Bitte nimm dir die Zeit und lies die ersten vierzehn Verse des 28. Kapitels im 5. Buch Mose. Dort wirst du deinen Gott sagen hören, daß alle Seine Kinder, die Ihm gehorchen, *gesegnete Leute* sein werden. Er hat sogar erklärt, daß die Segnungen förmlich *über* Seine gehorsamen Kinder *kommen* werden. Er hat versprochen, sie sowohl in der Stadt als auch auf dem Feld zu segnen (5. Mose 28, 3). Er hat gesagt, ihre Körbe und ihre Backtröge würden immer voll sein. Er hat sogar erklärt, daß die Gehorsamen Rücklagen besitzen würden.

> *Der Herr befiehlt dem Segen, an deiner Seite zu sein: in deinen Speichern [Ersparnissen] und ...*
>
> *5. Mose 28, 8 (Einheitsübersetzung)*

Er verspricht dieser Gruppe außerdem, daß sie schöne Dinge im Überfluß haben werden.

> *Und der Herr wird dir Überfluß geben an Gutem...*
>
> *5. Mose 28, 11*

Diejenigen, an denen Er Wohlgefallen hat, wird Er **„zum Haupt machen und nicht zum Schwanz“** (5. Mose 28, 13).

Und nun lies den Rest des Abschnitts! Die gehorsamen Gläubigen werden schuldenfrei sein!

> *Und du wirst... ausleihen... aber **wirst dir nichts leihen**.*
>
> *5. Mose 28, 12*

Ungehorsame Gläubige werden verschuldet sein

In Vers 15 desselben Kapitels schlägt der Autor eine abrupte Wende ein. Nun spricht er von den ungehorsamen Gläubigen – von denjenigen, die nicht Gottes Wege gehen. Er warnt sie davor, daß sie nicht gesegnet, sondern verflucht sein würden.

> *Es wird aber geschehen, wenn du der Stimme des Herrn, deines Gottes, nicht gehorchst, so daß du nicht darauf achtest, all seine Gebote und seine Ordnungen zu tun, die ich dir heute gebiete, dann werden all diese Flüche über dich kommen und dich erreichen.*
>
> *5. Mose 28, 15*

Die Liste der Flüche wird noch 53 Verse lang fortgesetzt. Unter allen Aufzählungen sticht ein Fluch besonders hervor. Diejenigen, die entgegen dem Willen Gottes leben, *werden Schulden haben.*

> *Der Fremde, der in deiner Mitte wohnt, wird höher und höher über dich emporsteigen, und du, du wirst tiefer und tiefer hinabsinken. **Er wird dir leihen**, du aber wirst ihm nicht leihen können; **er wird zum Haupt, du aber wirst zum Schwanz.***
>
> *5. Mose 28, 43-44*

Diese Verse informieren dich darüber, daß Gott dich von deinen Schulden befreien möchte. Wenn du *Gottes ausdrückliches Wort darauf* hast, hast du gleichzeitig Seine Garantie dafür, daß du dieses Ziel erreichen kannst. Er verspricht, daß Sein Wort dir die Kraft geben wird, Seinen Willen auszuführen.

> *Denn mit Gott wird niemals etwas unmöglich sein, und* ***kein Wort von Gott wird ohne Kraft sein*** *oder unfähig sein, Wirkung zu erzielen.*
>
> *Lukas 1, 37 (Erweitere Version)*

Das Wort Gottes, das dir Seinen Willen für dein Leben aufzeigt, ist mit der Kraft erfüllt, die du benötigst, um es in die Tat umsetzen zu können. Denk einmal darüber nach. Die Kraft, die man braucht, um nach einem Wort Gottes zu handeln, ist immer in dem betreffenden Wort enthalten. In anderen Worten, Gott würde dir niemals etwas auftragen, wozu Er dir nicht die notwendige Kraft geben würde, um es tun zu können. Jedes Wort, das Er zu dir spricht, birgt Kraft in sich, mit deren Hilfe es dir gelingen wird, dem Wort gemäß zu handeln.

Dasselbe Wort Gottes, daß dir mitteilt, daß Er dich schuldenfrei sehen möchte, trägt die erforderliche göttliche Kraft in sich, die dich fähig macht, den Schuldenberg, vor dem du stehst, zu bezwingen.

Stein Nr. 1 befindet sich nun in deiner Hand

Ich hoffe, du begreifst, welchen enormen Vorteil dir diese drei Erkenntnisse verschaffen. Wenn du diese drei Fakten, wie Gott über Verschuldung denkt, kennst, befindet sich Stein Nr. 1 bereits in deinem Munitionslager. Dieser Stein hat die Fähigkeit, dem „Schulden-Golitat", der dich gefangen hält, den göttlichen K.O.-Schlag zu versetzen. Es heißt im Wort Gottes, daß durch jede dieser strategisch wichtigen Erkenntnisse dir übernatürliche Kraft von Gott zuströmt. Seine Kraft wird deinen Schuldenfreiheitsplan aufladen und ihm die anhaltende Kraft verleihen, die du benötigst, um den Geist der Schulden loszuwerden. Stein Nr. 1 stellt eine der fünf wirkungsvollen Waffen dar, die Gottes Schuldenfreiheit für dich wirksam werden lassen.

***Zeugnisbericht*:**
Für mich wurde Schuldenfreiheit zur Realität, als ich nach der Geburt unseres zweiten Kindes im Krankenhaus anrief, um nach dem Rechnungsbetrag zu fragen, und man mir mitteilte, wir seien nichts schuldig.

B.G. – Mt. Pleasant, SC

Energiegeladene Wahrheiten

Rufe dir ins Gedächtnis, daß Stein Nr. 1 aus drei wichtigen Wahrheiten besteht:

Wahrheit 1: Gott ist ein Gott, der Schulden auslöscht. Wenn Er es schon einmal getan hat, wird Er es auch wieder tun.

Jesus ist derselbe gestern und heute und in Ewigkeit.
Hebräer 13, 8

Wenn du diese Tatsache weißt, hast du Zugang zur Kraft Gottes, weil *sie dir das Wissen vermittelt, daß auch heute noch Wunder geschehen, durch die Schulden getilgt werden.*

Wahrheit 2: Dein Gott behandelt alle Menschen gleich. Du weißt bereits, daß Er schon andere Menschen von ihren Schulden befreit hat. Deshalb möchte Er dasselbe auch für dich tun.

> *...In Wahrheit begreife ich, daß Gott die Person nicht ansieht...*
>
> *Apostelgeschichte 10, 34*

Diese Wahrheit zu kennen bedeutet, daß Gottes Kraft in deinem Leben freigesetzt wird, *denn sie macht dir begreiflich, daß du dieselbe Erfahrung machen kannst.*

Wahrheit 3: Es ist Gottes Wille, daß du völlig schuldenfrei bist.

> *Und alle diese Segnungen werden über dich kommen und werden dich erreichen, wenn du der Stimme des Herrn, deines Gottes, gehorchst.*
> *Und du wirst... ausleihen, du selbst aber wirst dir nichts leihen.*
>
> *5. Mose 28, 2 und 12*

Durch das Wissen um diese Wahrheit erhältst du noch mehr göttliche Kraft, denn *nun hast du ausdrücklich Gottes Wort darauf*, daß Er dich schuldenfrei machen möchte. Sein Wort sagt, daß Er dir aus den Schulden heraushelfen möchte, und *mit Seinem Versprechen liefert Er dir gleichzeitig die Kraft*, die du brauchst, um dieses Ziel zu erreichen.

> *Denn mit Gott wird niemals etwas unmöglich sein, und kein Wort von Gott wird ohne Kraft sein oder unfähig sein, Wirkung zu erzielen.*
>
> Lukas 1, 37 (Erweitere Version)

Und nun solltest du dich dafür bereit machen, noch mehr von Gottes Kraft in deinem Leben zu empfangen, denn die Wahrheiten, die im nächsten Kapitel auf dich warten, werden nicht weniger nützlich für die Umsetzung deines Schuldenfreiheitprogramms sein.

3

Was du tun mußt

So ist auch der Glaube, wenn er keine Werke hat, in sich selbst tot.

Jakobus 2, 17

Die Stadt, in der ich aufgewachsen bin, war in mancherlei Hinsicht einzigartig. Eine Besonderheit dort waren die bildhaften Redewendungen, die die Leute verwendeten, um sich auszudrücken. Die reichen Südtexaner haben mein Leben in den ersten Jahren stark beeinflußt. Eines ihrer Sprichwörter war sehr bezeichnend, es war kurz und traf den Nagel auf den Kopf, weil es der Wahrheit entsprach! Es lautete: *„Reden ist billig."* Wenn jemand dieses Sprichwort gebrauchte, wußte man, daß mehr als nur Worte notwendig waren, um eine Aufgabe zu erledigen. Diese Aussage stimmt mit der Bibel überein, denn dort heißt es:

Willst du aber erkennen… , daß der Glaube ohne die Werke nutzlos [tot] ist?

Jakobus 2, 20

Dieses Sprichwort bewahrheitet sich in keinem Bereich so stark wie dann, wenn es darum geht, schuldenfrei zu werden, denn wenn du hier nicht entschlossen zur Tat schreitest, wird dein Schuldenfreiheitsplan absolut nichts bewirken.

Stein Nr. 2

Der zweite Stein, den ich dir in deine Hand legen will, wird *ganz bestimmte Handlungen deinerseits* erfordern. Um die göttliche Energie, die er deinem Schuldenfreiheitsplan zuführt, völlig auszuschöpfen, mußt du beginnen, einige Dinge zu tun. Um es ganz einfach auszudrücken: Du wirst die Dinge tun müssen, die Menschen, die schuldenfrei werden, tun.

Zeugnisbericht:
Ich bin völlig schuldenfrei geworden, nachdem ich deine Anweisungen befolgt habe.
K.B. – Toronto, Ontario

Nicht nur Hörer, sondern Täter

Es hat mich schon immer erstaunt, wie viele Christen sich entscheiden, das Wort nur zu hören, aber niemals die Dinge zu tun, die es verlangt. Ein solches Verhalten ist besonders hinderlich, wenn es darum geht, aus den Schulden herauszukommen. Jedesmal, wenn ich als Sprecher einer Gruppe von Menschen erkläre, wie man schuldenfrei werden kann, habe ich ihre ungeteilte Aufmerksamkeit. Nach jedem Seminar stürmen sie den Büchertisch und kaufen alles, was ich zu diesem Thema zu bieten habe. Wenn ich jedoch wieder zurückkomme, stelle ich meistens fest, daß die meisten meiner damaligen Zuhörer *nicht den geringsten Versuch unternommen haben,* die Prinzipien, die ich ihnen aufgezeigt habe, in die Tat umzusetzen. Zweifellos hatten sie mit den besten Vorsätzen zugehört, denn sie hatten sich am Büchertisch sogar reichlich mit Lesestoff eingedeckt. Doch, aus welchen Gründen auch immer, haben sie niemals den nächsten Schritt unternommen, um das Wort, das sie gehört hatten, in die Tat umzusetzen. Der Apostel Jakobus sprach von solchen Menschen, als er schrieb:

> *Seid aber Täter des Wortes und nicht allein Hörer, die sich selbst betrügen.*
>
> *Jakobus 1, 22*

Ein allgemeines Mißverständnis

Man bekommt manchmal den Eindruck, es sei eine Charakterschwäche der Christen, daß sie denken, sie würden die Segnungen, die das Wort verspricht, automatisch besitzen, nur weil sie davon gehört haben. Diese Annahme ist völlig verkehrt! Das Gegenteil ist wahr, denn im christlichen Leben macht man sich sogar schuldig, *wenn man eine Wahrheit kennt und nicht danach handelt.*

> *Wer nun weiß, Gutes zu tun, und tut es nicht, dem ist es Sünde.*
>
> *Jakobus 4, 17*

Glaube ohne Werke

Wunder finden im Leben derer statt, die daran glauben. Wir haben in einem der vorigen Kapitel gesehen, daß es tatsächlich Wunder gibt, durch die Schulden ausgelöscht werden. Wir haben außerdem festgestellt, daß sie jederzeit zur Verfügung stehen. Jedoch sind sie, wie die meisten Segnungen Gottes, an bestimmte Bedingungen geknüpft. Du mußt lebendigen Glauben haben, um ein solches Wunder zu erleben. Beachte bitte, daß ich starken Glauben meine, wenn ich von

Glauben spreche. Es sich nur zu wünschen, reicht nicht aus. Wir müssen zu diesem Thema noch einmal den Apostel Jakobus heranziehen, denn er weist uns darauf hin, daß unser Glaube tot ist, wenn wir nicht entsprechend handeln (keine Taten folgen lassen). Sei dir bewußt, daß toter Glaube nicht die Fähigkeit hat, ein Wunder in Gang zu setzen, durch das du schuldenfrei wirst.

> *...Glaube, wenn er keine Werke (Taten und Handlungen des Gehorsams, um ihn zu untermauern) hat, ist in sich selbst ohne Kraft (wirkungslos, tot).*
>
> *Jakobus 2, 17 (Erweiterte Version)*

Die King James Version drückt sich gänzlich unverblümt aus. Es heißt dort schlichtweg: **„Glaube ohne Werke ist tot."** Glaube allein kann gar nichts bewirken.

Hör auf, die alten Dinge zu tun

Wenn du in den Genuß von Gottes Schuldenfreibrief kommen möchtest, mußt du mit einigen grundlegenden Verhaltensweisen brechen. Du mußt damit aufhören, *impulsiv oder spontan einzukaufen.* Wenn es notwendig ist, dann klebe dein Scheckbuch zu oder noch besser, führe dein Konto und dein Haushaltsbuch zusammen mit einer zweiten Person, so daß dein Ehepartner oder eine Vertrauensperson dir helfen kann zu entscheiden, ob du das, was du gerade kaufen willst, unbedingt brauchst. Du solltest dir eine jederzeit griffbereite Liste zulegen, auf der alle Eigenschaften notiert sind, die ein Produkt aufweisen muß, bevor du es kaufst.

Du mußt außerdem *auf Kreditkarten verzichten* (es sei denn du gleichst sie jeden Monat vollständig aus). Ich nenne diesen

Vorgang gerne „plastische Chirurgie“. Du mußt die Schere an deine Plastikkreditkarten setzen und eine Operation durchführen.

Du mußt sofort damit aufhören, *anschreiben zu lassen* (Diese Zahlweise findet man meistens in kleineren Städten vor, wo man im örtlichen Haushaltswaren- oder Lebensmittelgeschäft oder in der Tankstelle als vertrauter Kunde für seinen Kauf nur unterschreiben muß).

Distanziere dich auch sofort von neuen *Ratenzahlungs- oder Finanzierungskäufen*, mit denen du vor deiner Entscheidung, schuldenfrei zu werden, geliebäugelt hast. Mach es dir zu einer unumstößlichen Regel, für jedes Produkt oder jede Dienstleistung, die du kaufst, sofort bei Erhalt zu bezahlen. Und *schiebe dein Vorhaben nicht länger hinaus*. So hart es auch klingen mag, am besten ist, du machst einen *kalten Entzug* und fängst sofort an, nur noch Geld für Dinge auszugeben, die lebensnotwendig sind.

Bitte merke dir, daß die Bibel nicht lehrt, einen ärmlichen Lebensstil ohne Komfort zu führen. Doch im Augenblick wirst du einige Änderungen vornehmen müssen, wenn es dein Herzenswunsch ist, von deinen Schulden loszukommen.

Du wirst für eine gewisse Zeit, in der du die Schulden der Vergangenheit abbezahlst, den Gürtel enger schnallen müssen.

Behalte dir im Gedächtnis, daß Menschen, die Gottes Schuldenfreiheitsplan erfolgreich in die Tat umgesetzt haben, die endgültige Entscheidung getroffen haben, *keine weiteren Schulden mehr zu machen*. Sie sind fest entschlossen, *aus den Schulden herauszukommen*. Sie konzentrieren sich darauf, jeden Pfennig, den sie in die Hand bekommen, dazu zu benutzen, ihre noch offenen Rechnungen zu bezahlen. Sie werden regelrecht *fanatisch,* wenn es darum geht, sich nicht mehr zu verschulden.

***Zeugnisbericht*:**
Wir haben die Strategien angewendet, die du in deinen Büchern und auf deinen Kassetten dargestellt hast, und Gott hat uns gesegnet. Innerhalb der vergangenen zwei Jahre hat der Herr uns von ungefähr $ 400.000 Schulden freigemacht. ***E.W. – Kenner, LA***

Die Sprache der Schuldenfreien

Du mußt noch eine zweite Sache tun, wenn du die ganze Kraft von Stein Nr. 2 in deinem Schuldenfreiheitsprogramm freisetzen möchtest. *Du mußt anfangen so zu reden,* als ob du schuldenfrei werden wirst. Laß mich dies näher erklären.

Vor vielen Jahren habe ich einen Mann kennengelernt, der Ike Gabbert hieß. Er war ein presbyterianischer Prediger aus Cumberland, der im Hinterland von Kentucky wohnte. Und wenn ich *Hinterland* sage, meine ich tatsächlich das primitive, ländliche Kentucky. Ich besuchte ihn jeden Nachmittag auf seiner Veranda vor dem Haus, und er lehrte mich wunderbare göttliche Wahrheiten aus seiner alten, zerfledderten Bibel.

Während dieser Sitzungen auf der Veranda kamen nicht selten Nachbarn vorbei. Jedesmal, wenn der alte Prediger einen Nachbarn herankommen sah, rief er ihm immer folgende

Worte zu. Ich höre ihn noch wie heute: „Hier kommt jemand, der sagt, er würde in den Himmel gehen. Da wollen wir doch einmal sehen, ob er irgend etwas über den Himmel zu sagen hat.“

Nach einigen solchen Besucherempfängen fragte ich ihn: „Warum sagst du immer genau diese beiden Sätze zu deinen Nachbarn?“ Pastor Gabbert schaute mich an und meinte dann: „John, ich habe festgestellt, daß Menschen immer *darüber reden, wo sie hingehen.*“

Was für eine wunderbare Wahrheit dieser alte Wanderprediger in meinen Geist legte! Sie ist machtvoll, weil sie eine biblische Wahrheit ist. Bitte überprüfe, ob der folgende Vers nicht nahezu dasselbe aussagt.

> *Wahrlich, ich sage euch: Wer zu diesem Berg sagen wird: Hebe dich empor und wirf dich ins Meer! und nicht zweifeln wird in seinem Herzen, sondern glauben, daß geschieht, was er sagt,* ***dem wird es werden****.*
>
> *Markus 11, 23*

Rede darüber

Ja, es ist eine Tatsache. *Menschen reden darüber, wo sie hingehen.* Achte einmal darauf! Menschen, die in Urlaub gehen, reden über die Orte, die sie besuchen werden. Paare, die heiraten wollen, werden über ihre Hochzeit reden. Eine Familie, die vorhat, in einen anderen Teil des Landes zu ziehen, wird viel über ihre neue Heimatstadt zu berichten haben.

Deine Worte haben Kraft

Wenn du dein Schuldenfreiheitsprogramm mit einer zusätzlichen Portion biblischer Kraft aufladen willst, dann fange an, über das schuldenfreie Leben zu sprechen, auf das du zusteuerst. Sage mutig: „Wir werden bald schuldenfrei sein." Du solltest anfangen zu erklären: „Wir werden keine 30 Jahre brauchen, um unsere Schulden abzubezahlen. Unser Ziel ist, in spätestens sechs Jahren völlig schuldenfrei zu sein." Lege los und sage: „Das Auto, das wir jetzt fahren, wird das letzte sein, daß wir auf Ratenzahlung kaufen. Unser nächstes Auto wird ein Neuwagen sein, den wir sofort bei Kauf bezahlen."

Wenn du beginnst, deine Absicht, schuldenfrei zu werden, in Worten auszudrücken, hast du dadurch einen zweifachen Nutzen. Du setzt eine geistliche Gesetzmäßigkeit in Gang, die die Kraft von Gottes Wort in deinem Schuldenfreiheitsplan freisetzt (Mark. 11, 23). Und nicht nur das, sondern du erhältst aus deinem eigenen Mund Bestärkungen, weil du deinen Herzenswunsch (schuldenfrei zu sein) ständig laut und deutlich ausgesprochen hörst.

Das biblische Prinzip

Bitte beachte sorgfältig, daß es mehr braucht als nur sehnsüchtige Worte, um das biblische Prinzip des positiven Bekenntnisses anzuwenden. Nur ständig zu sagen, „Ich werde meine Schulden loswerden", wird dir nicht zu einem schuldenfreien Leben verhelfen. Die Bibel sagt, daß du auch *glauben mußt, daß das, was du sagst, geschehen wird.*

> *...Wer zu diesem Berg sagen wird: Hebe dich empor und wirf dich ins Meer! und* ***nicht zweifeln wird in seinem Herzen, sondern glauben, daß geschieht, was er sagt****, dem wird es werden.*
>
> *Markus 11, 23*

Sei dir im klaren, daß Reden allein dir nicht die Kraft verleiht, dein Ziel zu erreichen. Zusätzliche Kraft erhältst du nur dann, *wenn du glaubst, daß das, was du sagst, tatsächlich zustande kommen wird.* Und wenn ich „glauben" sage, rede ich von der Art von Glauben, der sich weigert daran zu zweifeln, daß die Dinge, die du sagst, Wirklichkeit werden.

Die Bibel macht uns darauf aufmerksam, daß die Worte, die wir sprechen und an die wir glauben, machtvoll sind. Diese mit Glauben erfüllten Worte sind so stark, daß sie sogar Leben oder Tod bewirken können.

> *Tod und Leben sind in der Gewalt der Zunge...*
>
> *Sprüche 18, 21*

Denk einmal darüber nach. Deine Bibel sagt, daß die von Glauben erfüllten Worte, die du über deine Schulden aussprichst, bewirken, daß deine Schulden entweder *weiterhin existieren (leben) oder ausgelöscht werden (sterben).* Ich will damit lediglich zum Ausdruck bringen, daß deine Schulden dir wegen deiner Worte über den Kopf wachsen werden, wenn du ständig davon redest, vor was für einem riesigen Schuldenberg du stehst und warum es unmöglich ist, diese Schulden abzubezahlen. Mit jedem negativen Wort wird es dir noch unmöglicher erscheinen, deine Schulden jemals loszuwerden. Wenn du jedoch immer davon redest, daß deine Schulden abnehmen werden, wenn du in deinen Unterhaltungen betonst, daß Gottes Kraft weitaus stärker ist als deine

Schulden, dann wird es nicht allzu lange dauern, bis *du sehen wirst, daß deine Schuldenbelastung geringer* und schließlich ganz verschwunden sein wird.

Diese dynamische biblische Wahrheit wird deinem Schuldenfreiheitsplan göttliche Energie verleihen. Deine neue Denk- und Redeweise wird *für* dich arbeiten, nicht *gegen* dich. Fange heute schon damit an, Worte des Todes über deine Schulden und Worte des Leben über dein Schuldenfreiheitsprogramm auszusprechen.

***Zeugnisbericht*:**
Wir haben gerade unsere erste Schuldentilgung erlebt. Wir erwarten, daß noch weitere folgen!
J.B. – Wheaton, IL

Die praktische Anwendung

In der Welt des Sports gilt eine wirkungsvolle Regel, die „Heimvorteil" genannt wird. Unter diesem Begriff versteht man folgendes: Wenn ein Sportler in seiner Heimatstadt einen Wettkampf bestreitet, ist er in der Regel nicht so leicht zu schlagen wie in einer fremden Stadt. Wenn seine Fans zu Hause ihm jedoch durch Buhrufe ihr Mißfallen ausdrücken, wenn sie nur über seine Schwächen und Fehler reden, dann wird aus dem „Heimvorteil" sehr schnell ein *„Heimnachteil"*.

Stell dir einmal kurz vor, du seist ein Sportler. Sagen wir, du wärst ein Ringer und würdest Christian heißen. Und nehmen wir einmal an, dein Gegner hieße „Schuldenberg".

Nun willst du in deiner Heimatstadt den Sieg erringen. Wie würde der Kampf wohl ablaufen, wenn deine Fans zu Hause die ganze Zeit deinen Gegner anfeuern würden? „Ja, ja, Schuldenberg! Komm, auf geht's, Schuldenberg! Mach Christian fertig!" Man braucht nicht viel Phantasie, um zu wissen, daß du keinen Heimvorteil hast, wenn alle deinen Gegner anfeuern. Schuldenberg wird den Vorteil haben, und er wird es dir wahrscheinlich zeigen.

Stellen wir uns nun die umgekehrte Situation vor. Sagen wir, die Fans zu Hause feuern alle dich an. Sie buhen Schuldenberg aus und machen sich über ihn lustig. Du hörst, wie sie Schuldenberg so richtig niedermachen. „Schuldenberg ist am Ende! Schuldenberg ist am Ende! Christian ist stark! Los, Christian, los! Mach ihn fertig!" Psychologisch gesehen würdest du aus diesen positiven Worten, die du hörst, Kraft ziehen. Dagegen würde für deinen Gegner genau das Gegenteil zutreffen. Die negativen Worte, die er hört, würden ihn schwächen.

Dies ist ein zweiter Vorteil, der dir daraus entsteht, daß du zuversichtlich davon sprichst, daß du deine Schulden besiegen wirst. *Du schwächst die Macht der Schulden* jedesmal ein bißchen mehr, wenn du von dem Tag redest, an dem du sie bewältigen wirst.

Im umgekehrten Fall werden dir deine eigenen Worte zum Fallstrick, wenn du nicht darauf achtest. Besser gesagt, deine Worte werden die Macht noch verstärken, die die Schulden über dein Leben haben. Beachte nun unter diesem Aspekt, wie drastisch sich das Wort Gottes ausdrückt, wenn es über die Macht der Worte spricht.

...bist du verstrickt durch deines Mundes Worte, gefangen durch die Worte deines Mundes...

Sprüche 6, 2

Was du sagst, offenbart die Wünsche deines Herzens

So seltsam es klingen mag, du bist nicht wirklich fest entschlossen, deine Schulden loszuwerden – ich rede von Geist, Seele und Körper –, wenn du nicht ohne zu zögern davon reden kannst, daß du schuldenfrei werden wirst. Bitte merke dir, daß nur wenige Menschen die Aussage kennen, die du gleich lesen wirst. Ich werde mich ganz deutlich ausdrücken, damit du dir diese Wahrheit einprägen kannst: *Wenn du nicht spontan davon sprechen kannst, daß du deine Schulden loswerden wirst, kommen deine Worte nicht aus deinem Herzen.* Halte dich nicht an meine Worte, sondern lies, was Gottes Wort zu diesem Thema zu sagen hat:

...Denn aus der Fülle des Herzens redet der Mund.

Matthäus 12, 34

Die Erweiterte Version übersetzt folgendermaßen:

...Denn aus der Fülle (dem Überfluß, dem großen Reichtum) des Herzens redet der Mund.

Matthäus 12, 34 (Erweiterte Version)

Es wird leicht sein, über deine Schuldenfreiheit zu sprechen, wenn du von ganzem Herzen daran glaubst.

Dein Zeugnis ist machtvoll

Ich möchte dich noch auf eine weitere Schriftstelle Gottes hinweisen, die über die Kraft Gottes redet, die du erhältst, wenn du dich selbst darüber reden hörst, daß du schuldenfrei werden wirst. Jeder weiß, daß es das Ziel des Teufels ist, jeden Christen zu überwältigen. Er macht von jeder möglichen Tücke Gebrauch, um die Kinder Gottes davon abzuhalten, das Evangelium zu verbreiten. Daran gibt es keinen Zweifel. Der Teufel setzt Schulden als Waffe ein, denn auf diese Weise kann er *das Geld, das die Gemeinde brauchen würde, um die Welt zu evangelisieren, zurückhalten,* weil es für die Abzahlung von Schulden verwendet werden muß und so in das weltliche System zurückfließt.

Das Wort Gottes sagt eindeutig, daß du *die Pläne des Teufels* (deine Verschuldung) *zunichte machen kannst,* indem du immer wieder über deinen in Kürze bevorstehenden Sieg über deine Schulden sprichst.

> *Und sie haben ihn überwunden... um des Wortes ihres Zeugnisses willen...*
>
> *Offenbarung 12, 11*

Wann immer du darüber redest, daß du einen Angriff Satans niedergeworfen und ihn besiegt hast, stärkst du sowohl dich selbst als auch diejenigen, die dir zuhören.

***Zeugnisbericht*:**
Nachdem wir finanzielle Samen in deinen Dienst gepflanzt und deine Bücher gelesen hatten, konnten wir in einem Jahr $ 18.000 von unseren Schulden abbezahlen. Wir wissen, daß auch unsere verbleibenden Schulden bereits weg sind! ***C. & D.B. – Hampton, VA***

Am Anfang wird es dir nicht gefallen

Ich möchte dich gewiß nicht ernüchtern. Aber am Anfang wird es dir mit Sicherheit nicht gefallen, schuldenfrei zu werden. Zu Hause zu essen statt essen zu gehen, eine Brotzeit und Kaffee in einer Thermoskanne in die Arbeit mitzunehmen, wird dir zunächst nicht viel Spaß machen. Es wird dir nicht gefallen, deine Freizeit zu Hause zu verbringen statt am Wochenende einen Ausflug zu machen, nicht jede Menge Benzin zu verfahren, keine Hamburger zu essen und Limonade zu trinken. Wie dem auch sei, gib dem Plan ein bißchen Zeit. Und wenn ich „Zeit" sage, meine ich mindestens so viel Zeit, bis du deine erste Rechnung vorzeitig tilgen kannst. Sobald dir das gelungen ist, fängt die Sache nämlich an, Spaß zu machen.

Verschwöre dich gegen deine Schulden

Von diesem Zeitpunkt an wird dein Leben immer besser und besser werden. Sobald du die erste Schuldenbelastung vorzeitig getilgt hast, zahlst du nun die betreffende monatliche Rate zuzüglich der Rate für deine nächste Abzahlung. Angenommen, deine erste Schuldenbegleichung war die Abzahlung einer Kreditkarte mit einer monatlichen Belastung von DM 60,-. Wenn du nun diese DM 60,- zu deiner monatlichen Schuldenrate von DM 120,- beim Versandhaus dazuzahlst, zahlst du jeden Monat das Eineinhalbfache deiner Rate, um deine Schulden beim Versandhaus zu tilgen. Auf diese Weise wirst du keine neun Monate, wie ursprünglich vorgesehen, brauchen, um deine Schulden abzubezahlen, sondern aufgrund deiner eineinhalbfachen Monatsrate wirst du sie in sechs Monaten schon getilgt haben. Damit bist du drei Monate früher frei, als der Teufel es für dich geplant hat. Dann geht der Spaß erst richtig los, denn nun hast du DM 180,- übrig (DM 60,- durch deine erste Schuldenbegleichung und DM 120,- aufgrund der Schulden, die du als zweites abbezahlt hast), die du auf die nächste, fällige Rate draufschlagen kannst.

Wenn die nächste Ratenzahlung DM 120,- beträgt, kannst du nun bereits monatlich DM 300,- bezahlen (DM 180,- + DM 120,- = DM 300,-). Dieser neue Betrag ermöglicht für die nächste Schuldenbegleichung eine zweieinhalbfache Abzahlung der monatlichen Rate. Wie du siehst, kannst du auf diese Weise die Ratenzahlungen für ein ganzes Jahr in nur fünf Monaten abbezahlen. Es wird also nicht lange dauern, bis das *freudlose* „Schuldenfreiwerden" auf einmal Riesenspaß macht, weil du plötzlich merkst, wie *schnell* du aus deinen Schulden herauskommst.

Kraft strömt herbei

Durch dein Reden über deinen in Kürze bevorstehenden Sieg und über deine Bemühungen, deine Schulden abzubezahlen, bist du auf dem Weg zu einem schuldenfreien Lebensstil. Da du nun fest entschlossen bist, mit den Dingen zu brechen, die zu deiner Verschuldung geführt haben, und an deiner neuen

Strategie festzuhalten – nämlich nur das zu tun, was dich aus den Schulden herausführt –, wirst du augenblicklich spüren, wie Gottes Energie in dein Schuldenfreiheitsprogramm hineinströmt. Du tust genau das, was Gott in Seinem Wort vorschreibt. *Du hast deinem Glauben durch entsprechende Taten Ausdruck verliehen* und dadurch dafür gesorgt, daß dein Glaube am Leben erhalten wird.

> *...daß der Glaube ohne die Werke nutzlos [tot] ist?*
>
> *Jakobus 2, 20*

Bedenke, die Bibel sagt, daß nicht nur deine Taten deinen Glauben lebendig erhalten, sondern auch dein mit Glauben erfülltes Bekenntnis die Dinge zustande bringen werden, die du aussprichst.

> *...wer zu diesem Berg sagen wird: Hebe dich empor und wirf dich ins Meer! und nicht zweifeln wird in seinem Herzen, sondern glauben, daß geschieht, was er sagt, dem wird es werden.*
>
> *Markus 11, 23*

4

Ein offener Himmel

Und prüft mich doch darin..., ob ich euch nicht die Fenster des Himmels öffnen... werde...

Maleachi 3, 10

Das wirkungsvolle Werkzeug, das ich dir in diesem Kapitel übergeben werde, ist vermutlich derjenige der fünf Steine, der am leichtesten in Bewegung zu setzen ist, denn du mußt nichts weiter tun, als „Ja" zu Gottes Anweisung zu sagen. Doch aus unerfindlichen Gründen ist dieser Stein im Leben der meisten Christen nicht aufzufinden. *Bitte beachte, daß du in deinem Kampf gegen die Schulden auf diesen Stein keinesfalls verzichten kannst.* Er ist unbedingt notwendig, wenn du in den Genuß von Gottes Schuldenfreibrief kommen möchtest. Du mußt dein Schuldenfreiheitsprogramm unter einem offenen Himmel umsetzen.

Gute Dinge kommen vom Himmel

Jedes gute Ding, daß du dir erhoffen kannst, muß aus dem Himmel zu dir kommen. Dein himmlischer Vater, von dem alle guten Gaben kommen, ist im Himmel (Matthäus 5, 45). Alle dauerhaften Schätze, wenn du solche besitzt, werden für dich im Himmel aufbewahrt (Matthäus 6, 20). Dein Schutzengel wacht vom Himmel aus über dich (Matthäus 18, 10). Wenn Gott Seine Engel aussendet, kommen sie vom Himmel zu dir (Lukas 22, 43). Wenn Gott zu dir spricht, spricht Er vom Himmel aus (Johannes 12, 28). Geistliche Visionen empfängst du vom Himmel (Apostelgeschichte 26, 19). Zusammenfassend kann man sagen, daß alles, was dein christliches Leben wertvoll macht, vom Himmel kommt.

Das Wunder, das dich von deinen Schulden befreit, kommt vom Himmel

Jedes Schuldentilungswunder, von dem du in der Bibel liest, kam aus dem Himmel. Über der Witwe, deren Öl vermehrt wurde, mußte der Himmel offen gewesen sein, damit Gott sie schuldenfrei machen konnte. Was sie erlebte, war ein schöpferisches Wunder, und es gibt nur einen Schöpfer – und Er lebt im Himmel.

> *Alles wurde durch dasselbe [ihn], und ohne dasselbe [ihn] wurde auch nicht eines, das geworden ist.*
>
> *Johannes 1, 3*

Das Wunder, das bewirkte daß ein geliehenes Eisen einer Axt plötzlich schwamm, hätte sich nicht ereignen können, wenn der Himmel nicht offen gewesen wäre. Es ist wissenschaftlich erwiesen, daß Eisen nicht schwimmen kann. Trotzdem gibt es jemanden, der Eisen zum Schwimmen bringen kann, und Er lebt im Himmel. Er ist Gott, und für Ihn ist nichts unmöglich!

> *...bei Gott sind alle Dinge möglich.*
>
> *Markus 10, 27*

Das Wunder des Schuldenerlasses, das Nehemia und seine Leute erlebten, fand unter einem offenen Himmel statt. Kein Gläubiger, der bei Verstand ist, würde darauf verzichten, daß eine gesamte Nation ihre Schulden zurückbezahlt – so etwas geschieht nur, wenn vom Himmel her eingegriffen wird.

> *Wie Wasserbäche ist das Herz eines Königs in der Hand des Herrn;* ***wohin immer er will, neigt er es****.*
>
> *Sprüche 21, 1*

Als unser Herr und Erlöser Jesus Christus erlebte, wie durch ein Wunder ein Fisch Geld in seinem Maul hatte, mit dem Er seine Schulden begleichen konnte, fand Sein Wunder mit Sicherheit unter einem offenen Himmel statt, denn Jesus lebte ständig sowohl *im Himmel* als auch *auf der Erde*.

> *Und niemand ist hinaufgestiegen in den Himmel als nur, der aus dem Himmel herabgestiegen ist, der Sohn des Menschen* ***[, der im Himmel ist]****.*
>
> *Johannes 3, 13*

Du mußt an dieser Stellte ein für allemal eine Entscheidung treffen, denn wenn du Gottes Schuldenfreiheitsplan erleben möchtest, mußt du unter einem offenen Himmel leben. Du mußt *kompromißlos deinen Zehnten bezahlen.*

Erfahrungsbericht:
Seitdem wir regelmäßig unseren Zehnten bezahlen und Opfer geben, haben sich nicht nur Türen für mich geöffnet, sondern ich habe auch Gehaltserhöhungen bekommen. Das ist in der Tat ein Wunder, durch das wir von unseren Schulden frei geworden sind.

J.B. -Los Angeles, CA

Den Zehnten zu bezahlen öffnet den Himmel

Du mußt nur einen kurzen Blick in die Bibel werfen, um zu erkennen, daß du den Zehnten bezahlen mußt, wenn der Himmel sich über dir öffnen soll.

> *Bringt den ganzen Zehnten in das Vorratshaus, damit Nahrung in meinem Haus ist! Und prüft mich doch darin, spricht der Herr der Heerscharen,* ***ob ich euch nicht die Fenster des Himmels öffnen... werde...***
>
> *Maleachi 3, 10*

Der Zehnte wird bezahlt, nicht gegeben

Die Schrift weist eindeutig darauf hin, daß der Zehnte vollständig Gott gehört. Er gehört nicht zum Besitz des Betreffenden, der ihn bezahlt; er ist Eigentum Gottes. Der Person, die ihn bezahlt, ist der Zehnte nur für kurze Zeit anvertraut worden.

> *Und* ***der ganze Zehnte*** *des Landes, vom Samen des Landes, von der Frucht der Bäume, gehört dem Herrn;* ***es ist dem Herrn heilig.***
>
> *3. Mose 27, 30*

Achte darauf, daß der Verfasser des Hebräerbriefs nicht davon redet, den Zehnten *nach Belieben zu geben*; er nennt diesen Vorgang vielmehr, *„den Zehnten bezahlen"*.

> *...von Levi... der Zehnte erhoben [engl.: bezahlt] worden...*
>
> *Hebräer 7, 9*

Bemerkenswert ist außerdem, daß es nicht heißt, die Leviten hätten den Zehnten *als freiwillige Gabe empfangen.* Es ist dagegen die Rede davon, daß sie den Zehnten von den Leuten *genommen* haben.

> *Und zwar haben die von den Söhnen Levi... ein Gebot, den Zehnten von dem Volk... zu nehmen...*
>
> *Hebräer 7, 5*

Auch Jesus sprach davon, daß der Zehnte bezahlt werden mußte und nicht etwa eine freiwillige Gabe war.

> *...ihr verzehntet die Minze und den Anis und den Kümmel... diese hättet ihr tun... sollen...*
>
> *Matthäus 23, 23*

Wenn du den Zehnten nicht bezahlst, bist du ein Dieb

Wenn sich das Wort Gottes klar ausdrückt, dann im Hinblick auf jemanden, der den Zehnten nicht bezahlt – es heißt nämlich, daß so jemand Gott beraubt. Gott selbst erklärt, daß ein Mensch, der den Zehnten verweigert, Ihn bestiehlt.

> *Darf ein Mensch Gott berauben? Ja, ihr beraubt mich! Ihr aber sagt: Worin haben wir dich beraubt? Im Zehnten und im Hebopfer.*
>
> *Maleachi 3, 8*

Harte Worte

Die Worte, die du eben gelesen hast, mögen hart klingen. Doch trotz allem stammen sie direkt aus der Heiligen Schrift.

Du darfst nicht vergessen, daß Gott, obwohl Er ein guter Gott ist, auch ein gerechter Gott ist. Und Gerechtigkeit spricht meist eine deutliche Sprache.

Ein rascher Blick in die Bibel wird deutlich machen, daß der Zehnte nur eines von vielen Themen ist, zu dem Gott sich sehr klar und unmißverständlich ausdrückt. Er verwendet sehr eindringliche Formulierungen, wenn Er über das ewige Schicksal derer spricht, die Christus zurückweisen. Er weist darauf hin, daß sie für immer in den Feuersee geworfen werden (Offb. 20, 15). Sehr harte Worte verwendet Er auch im Zusammenhang mit denjenigen, die sich weigern, zu arbeiten oder ihre Familie zu unterstützen. Gott erklärt, solche Menschen *sollten auch nicht essen* (1. Tim. 5, 8; 2. Thes. 3, 10).

Jeder, der die Bibel liest, stellt fest, daß die Bibel eine sehr deutliche Sprache spricht. Gott muß eindringliche Worte verwenden, weil Er es mit einer gefallenen Menschheit zu tun hat, bei der es um Leben und Tod geht. Es ist deshalb verständlich, daß Er sich sehr deutlich ausdrückt, wenn es um Angelegenheiten wie Raub geht. Es entspricht nicht Gottes Natur, hart zu sein, doch angesichts der Sünde, ihn zu bestehlen, ist Er gezwungen, unverblümt zu reden. Deshalb stoße dich nicht daran, daß Gott sehr direkt ist und ermahnende Worte gebraucht. Stoße dich statt dessen an der Sünde, nicht den Zehnten zu bezahlen, die diese harten Worte erforderlich macht.

Unterschlagung

Nachdem nun dieser Punkt geklärt ist, muß ich dich konkret darauf hinweisen, daß du verantwortlich bist, den Zehnten zu bezahlen. Wenn du den Zehnten nicht bezahlst, nimmst du das Geld, das rechtmäßig Gott gehört, und verwendest es für deine eigenen Zwecke. Man muß nicht studiert haben, um zu begreifen, daß dies eine klare Übertretung eines göttlichen Gebots ist. In der Umgangssprache würde man ein solches Vergehen als Unterschlagung bezeichnen.

Es ist ein harter Weg

Bitte mache dir bewußt, daß alles, was du als jemand, der nicht den Zehnten bezahlt, tust, viel schwieriger zu bewerkstelligen sein wird. Erstens wird Gott dir Seine helfende Hand nicht reichen, solange du unter einem verschlossenen Himmel lebst. Wenn du die folgende Schriftstelle unvoreingenommen liest, wirst du besser verstehen, daß *du dich mit allem in deinem Leben unweigerlich schwerer tun wirst,* wenn du dich Gottes Anweisungen widersetzt und sie übertrittst.

> *...der Weg der Treulosen ist ihr Unglück.*
>
> *Sprüche 13, 15*

Der Fresser

Wenn du den Zehnten nicht bezahlst, wird nicht nur dein Leben schwieriger zu bewältigen sein, sondern außerdem wird eine geistliche Macht in deinem Leben freie Bahn haben, die die Bibel *„den Fresser"* nennt. Die Bibel zeigt nur einen einzigen Weg auf, wie man den Fresser daran hindern kann, sich in jedem Lebensbereich breitzumachen. Die Lösung ist klar und einfach. *Du mußt sofort damit anfangen, den Zehnten zu bezahlen.*

Bringt den ganzen Zehnten in das Vorratshaus, damit Nahrung in meinem Haus ist! Und prüft mich doch darin, spricht der Herr der Heerscharen, ob ich euch nicht die Fenster des Himmels öffnen und euch Segen ausgießen werde bis zum Übermaß! ***Und ich*** *[Gott]* ***werde um euretwillen den Fresser bedrohen,*** *damit er euch die Frucht des Erdbodens nicht verdirbt...*

Maleachi 3, 10-11

Dein Zeitplan wird durcheinander geraten

Wenn der Himmel verschlossen ist, kommt ein zweiter Faktor hinzu, der dir das Leben noch zusätzlich erschwert. Dein gesamter Zeitplan wird nicht mit den Absichten übereinstimmen, die Gott für dich hegt. Maleachi teilt uns mit, daß *zeitraubende Umstände in unserem Leben ein Ende haben werden,* wenn wir anfangen, den Zehnten zu bezahlen.

...damit euch der Weinstock auf dem Feld nicht fruchtleer bleibt...

Maleachi 3, 11

Bei eingehender Betrachtung der Verse Maleachi 3, 8-11 wirst du erkennen, daß *der Himmel über dir offen sein wird,* wenn du treu deinen Zehnten bezahlst (Vers 10). Außerdem wird Gott *den Fresser* um deinetwillen *bedrohen.* Und schließlich werden diese *zeitraubenden, zerstörerischen Vorgänge,* die dich ständig davon abhalten weiterzukommen, aufhören (Vers 11).

So spricht der Herr, dein Erlöser, der Heilige Israels: Ich bin der Herr, dein Gott, der dich lehrt zu deinem Nutzen, der dich leitet auf dem Weg, den du gehen sollst.

Jesaja 48, 17

***Erfahrungsbericht*:**
Wir sind durch ein Wunder schuldenfrei geworden. Wir wissen, warum Gott uns gesegnet hat. Wir haben nie damit aufgehört, den Zehnten zu bezahlen und Opfer zu geben, wie Gott es vorgesehen hat. Selbst in mageren Zeiten waren wir treue Verwalter.

J. & L. E. – Birmingham, AL

Wie man den Zehnten bezahlt

Obwohl die meisten Christen wissen, wie man den Zehnten bezahlt, ist es doch wichtig, daß wir uns einen Moment Zeit nehmen und uns den mathematischen Aspekt dieses biblischen Prinzips noch einmal vergegenwärtigen. Wir müssen uns darüber im klaren sein, daß die Höhe des Betrages nicht beliebig festgesetzt werden kann. Der Zehnte besteht aus *einer ganz bestimmten Summe*. Das Wort Gottes bringt unmißverständlich zum Ausdruck, daß der Zehnte genau 10% von deinem gesamten Einkommen ist. Das hebräische Wort, das in der Bibel mit „Zehnter" übersetzt wird, bedeutet wörtlich „der zehnte Teil".

Und der ganze Zehnte des Landes, vom Samen des Landes, von der Frucht der Bäume, gehört dem Herrn; es ist dem Herrn heilig.

3. Mose 27, 30

Beachte, daß der Bericht im 1. Mose beschreibt, was Abraham Melchisedek gegeben hat und im Neuen Testament wird im Hebräerbrief genau dasselbe beschrieben.

Und Abram gab ihm [Melchisedek] ***den Zehnten*** *von allem.*
1. Mose 14, 20

Schaut aber, wie groß dieser [Melchisedek] ist, dem Abraham, der Patriarch, ***den Zehnten*** *von der Beute gab.*
Hebräer 7, 4

Brutto, nicht netto

Die Grundlage für die Berechnung des Zehnten sollte immer dein Bruttoeinkommen sein, nicht dein Nettoeinkommen. In Gottes Wort heißt es, daß der Zehnte von den „Erstlingen" deines Einkommens genommen werden soll. Anders ausgedrückt: Der Zehnte sollte das Erste sein, was du von deinem Einkommen bezahlst.

Ehre den Herrn mit deinem Besitz, mit ***den Erstlingen*** *all deines Ertrags! Dann füllen deine Speicher sich mit Vorrat...*
Sprüche 3, 9-10

Aus diesen Schriftstellen geht klar hervor, daß du deinen Zehnten zuerst bezahlen solltest. Wenn du ihn nicht zu allererst bezahlst, ehrst du Gott nicht „mit den Erstlingen all deines Ertrags".

Du solltest deinem Zehnten stets den Vorrang vor deinen steuerlichen Abgaben einräumen. Matthäus 22, 15-22 liefert den Beweis für diese Regel. Hier wird Jesus von den Pharisäern und den Herodianern gefragt, ob gottesfürchtige Menschen Steuern bezahlen sollten oder nicht. Aus der Schrift geht hervor, daß hinter ihrer Frage die Absicht steckte, den Herrn zu einer Antwort zu verleiten, aufgrund derer sie Ihn später beschuldigen konnten. Wenn Er nämlich sagen würde, die Leute sollten

Cäsar Steuern bezahlen, würde Er dem jüdischen Gesetz widersprechen. Wenn Er dagegen davon abraten würde, Cäsar Steuern zu bezahlen, würde Er sich dem römischen Gesetz widersetzen. In Vers 15 heißt es deshalb, sie **„...hielten Rat, wie sie ihn bei einem Ausspruch fangen könnten“**, oder wie wir heute sagen würden: Sie versuchten Ihn hereinzulegen.

Beachte, wie die Antwort unseres Herrn Klarheit schaffte. Nachdem Er sich eine Münze hatte zeigen lassen, fragte Er, wessen Abbild darauf zu sehen war. Sie antworteten, es sei Cäsars. Was Jesus dann sagte, versetzte alle in Erstaunen.

> *...Gebt denn dem Kaiser, was des Kaisers ist, und Gott, was Gottes ist.*
>
> *Matthäus 22, 21*

Ich werde Seine Antwort anders formulieren, um zu verdeutlichen, was Er damit eigentlich meinte. Jesus sagte: „Gebt Cäsar seine Steuern. Doch trotzdem müßt ihr Gott das geben, was Ihm gehört (die Erstlinge oder den Zehnten).“ Aus diesem Vers kann man schließen, daß du Gott und der Regierung ihren rechtmäßigen Platz in deinem Leben einräumen mußt. Um Gott an die richtige Stelle zu setzen, mußt du deinen Zehnten von deinem Gehalt bezahlen, bevor du irgend etwas anderes bezahlst. Indem du ihn zuerst bezahlst, wird der Zehnte „die Erstlinge deines Ertrags“. Nachdem du die Erstlinge bezahlt hast, kannst du die Steuern bezahlen.

***Erfahrungsbericht*:**
Voller Freude kann ich berichten, daß alle unsere Rechnungen bezahlt sind, außer unserer Hypothek. Gott hat uns übermäßig gesegnet! Heute übersteigen unser Zehnter und unsere Opfer das Gesamteinkommen, das ich vor sieben Jahren hatte, als wir anfingen, den Zehnten *zu bezahlen.*
J. B. – Green Cove, FL

Wo sollen wir den Zehnten bezahlen?

Mit einigen letzten Worten werde ich das Thema, wie man für einen offenen Himmel sorgt, beenden. Du mußt nicht nur den Zehnten bezahlen, sondern du mußt ihn auch an den richtigen Ort bringen. In nahezu jedem Fall ist dieser Ort deine *lokale Ortsgemeinde*. Dank sei Gott, daß fast allen Christen eine gute Ortsgemeinde zur Verfügung steht.

Es gibt jedoch einige wenige Fälle, auf die dies nicht zutrifft. Vielleicht bist du eingesperrt oder du wohnst in einer Gegend, in der es keine Gemeinde gibt. Unter solchen Umständen solltest du einen Dienst ausfindig machen, der dir regelmäßig und treu das Wort Gottes vermittelt. Es könnte ein christlicher Fernsehsender oder ein bestimmtes Fernseh- oder Radioprogramm sein. Es könnte auch ein Dienst sein, mit dem du regelmäßig korrespondierst. In Anbetracht all dieser Tatsachen möchte ich aber noch einmal betonen, daß du auf jeden Fall ein gute Ortsgemeinde besuchen und regelmäßig deinen Zehnten an diesen Dienst bezahlen solltest, *wenn dies irgendwie möglich ist.*

In Maleachi 3, 10 werden wir aufgefordert, den Zehnten in *das Vorratshaus Gottes* zu bringen, damit in *Seinem Haus* Nahrung sei. Auf diese Weise läßt Maleachi uns wissen, daß das Vorratshaus und Sein Haus ein und dasselbe sind. Im Neuen Testament klärt uns Timotheus über dieses Thema auf, indem er die Ortsgemeinde als Gottes Haus bezeichnet.

> *...damit du weißt, wie man sich verhalten muß im* ***Hause Gottes****, das* ***die Gemeinde des lebendigen Gottes*** *ist...*
>
> *1. Timotheus 3, 15*

Stein Nr. 3 gehört nun dir

Du darfst nun diese wirkungsvolle Waffe nie mehr aus der Hand geben, da du weißt, daß denjenigen, die den Zehnten bezahlen, ein offener Himmel versprochen worden ist. Wenn du nicht regelmäßig deinen Zehnten bezahlt hast, mußt du jetzt damit anfangen. Tust du dies, dann wird Gott Seine Energie ungehindert gegen den Fresser richten und alle zeitraubenden Störfälle abwenden, die dich daran hindern könnten, im Wohlstand zu leben. Wenn der Himmel über dir offen ist, steht dir der dritte Stein zur Verfügung, den du brauchst, um Goliat – sprich, deine Schulden – zu besiegen und von Gottes Schuldenfreibrief zu profitieren.

Erfahrungsbericht:

Alles, was ich tun konnte, war, mich an Gottes Versprechen zu klammern, daß Er den Himmel öffnen und Seinen Segen über mich ausgießen würde, wenn ich regelmäßig meinen Zehnten bezahlen und ein fröhlicher Geber sein würde. Dann erhielt ich einen Scheck in Höhe von $ 20.000! Ich habe gerade meine Kreditkarten bezahlt und ein neues Auto gekauft, das ich bar bezahlt habe. ***L.Z. – Orlando, FL***

5

Der Strom, der dich aus den Schulden hinausschwemmt

Jedes informierte Kind Gottes weiß, daß in der geistlichen Welt Kräfte am Wirken sind. Die Bibel spricht von bösen Mächten, die in der Himmelswelt gegen die Kinder Gottes gerichtet sind.

> *Denn unser Kampf ist nicht gegen Fleisch und Blut, sondern gegen die Gewalten, gegen die Mächte, gegen die Weltbeherrscher dieser Finsternis, gegen die Geister der Bosheit in der Himmelswelt.*
>
> *Epheser 6, 12*

Eine dieser Mächte der Finsternis ist der *Geist der Schulden.*

Ich will an dieser Stelle rasch hinzufügen, daß es auch gute geistliche Kräfte gibt, die in der geistlichen Welt wirksam sind. Durch die Unterstützung dieser Mächte behalten wir im Kampf gegen die Gewalten der Finsternis die Oberhand.

> *Dem [Gott] aber, der über alles hinaus zu tun vermag, über die Maßen mehr, als wir erbitten oder erdenken, gemäß der Kraft, die in uns wirkt [fließt]...*
>
> *Epheser 3, 20*

Die Goldene Regel (Lukas 6, 27-38)

Wir nehmen uns einen Augenblick Zeit, um eine dieser guten geistlichen Mächte genauer zu betrachten – und zwar die Macht, die *der Goldenen Regel* Kraft verleiht. Bitte beachte, daß man im Hinblick auf die Goldene Regel niemals von der „goldenen, guten Idee" spricht, geschweige denn wird sie als „goldener Vorschlag" bezeichnet. Sie ist und bleibt die Goldene Regel, oder besser gesagt, sie ist das *„Goldene Gesetz"*.

Jedes Gesetz, das etwas bewirken soll, muß eine ausführende Kraft haben, die ihm die notwendige Durchschlagskraft verleiht. So ist das Gesetz der Schwerkraft nur wirksam, solange die Schwerkraft existiert, auf die es sich stützt. Sobald man über den Bereich der Schwerkraft hinausgeht, verliert das Gesetz der Schwerkraft sofort seine Wirkungskraft.

Auf die Goldene Regel ist immer Verlaß

Das Wort Gottes belehrt uns darüber, daß eine Kraft existiert, die der Goldenen Regel fortwährend Rückhalt gibt. In der Erweiterten Übersetzung der Bibel wird dies so formuliert:

> *...so wie ihr wollt und es euch wünscht, daß euch die Menschen tun sollen, so tut auch ihr ihnen.*
> *Gebt, und [Gaben] werden euch gegeben werden: ein gutes, gedrücktes und gerütteltes und überlaufendes Maß wird man [in den Beutel, den ihr aus eurem Gewand gebildet habt,] in euren Schoß geben; denn mit demselben Maß [mit dem Maß, das ihr verwendet, um anderen Wohl zu tun], mit dem ihr meßt, wird euch wieder gemessen werden.*
>
> *Lukas 6, 31 und 38 (Erweitere Version)*

Wenn du folgende Verse hinzufügst, wird glasklar, daß die Goldene Regel ein ewig gültiges Gesetz ist, hinter dem Gott mit Seiner ganzen Kraft steht.

> *Denn so viele Verheißungen Gottes es gibt, in ihm ist das Ja, deshalb auch durch ihn das Amen, Gott zur Ehre durch uns.*
>
> *2. Korinther 1, 20*

> *Irret euch nicht, meine geliebten Brüder! Jede gute Gabe und jedes vollkommene Geschenk kommt von oben herab, von dem Vater der Lichter, bei dem* ***keine Veränderung ist noch eines Wechsels Schatten.***
>
> *Jakobus 1, 17*

Die Goldene Regel verliert ihre Wirkungskraft auch unter den widrigsten Umständen nicht

Beachte die widrigen Umständen, in denen wir – auf Anweisung des Herrn hin – Seine Goldene Regel auf die Probe stellen sollen. Er fordert uns auf, unsere Feinde zu lieben, denen Gutes zu tun, die uns hassen, diejenigen zu segnen, die uns verfluchen, die andere Wange hinzuhalten, wenn wir auf die eine geschlagen werden, und demjenigen, der uns unser Kleid nimmt, sollen wir auch noch unseren Mantel geben.

Die Wahrheit ist, daß die Goldene Regel nicht wirksam wäre, wenn nicht eine übernatürliche Kraft dahinter stehen würde. Jesus hat jedenfalls gesagt, daß wir die Menschen so behandeln sollen, wie wir von ihnen behandelt werden wollen, *ganz gleich wie schwierig die Umstände auch sein mögen.*

Deine Frage, ob du dich tatsächlich auf die Tauglichkeit dieser Regel verlassen kannst, ist berechtigt. Die Antwort lautet „Ja", weil sie von einer immensen geistlichen Kraft getragen wird, die ihr Wirkungskraft verleiht.

Entgegen den natürlichen Gesetzen

Jeder, der einigermaßen bei Verstand ist, weiß, daß die oben verlangten Handlungsweisen sich im natürlichen Bereich sehr unvorteilhaft auswirken würden. Du begehst einen großen Fehler, wenn du deine Feinde liebst und diejenigen segnest, die dich verfluchen, und wenn du dem, der dich schlägt, die andere Wange anbietest – es sei denn, du weißt ohne jeglichen Zweifel, daß eine Macht, die unendlich viel stärker ist als die menschliche Natur, bereitsteht, um einzugreifen und die Ergebnisse, die das Wort Gottes verspricht, zustande zu bringen.

Jeder Schüler hat gelernt, daß es ein natürliches Gesetz gibt, das folgendermaßen lautet: „Jede Aktion ruft eine Reaktion der entsprechenden Art hervor." Diese Gesetzmäßigkeit besagt schlicht und einfach, daß du das, was du gibst, verlierst. Wenn du 10,- DM hast, und du gibst drei davon aus, dann wirst du deshalb nicht 30,- oder 60,- Mark dazubekommen. Im Gegenteil, du wirst nur noch 7,- DM übrig haben.

Und nun halte dich fest! Ich verdrehe hier keineswegs biblische Wahrheiten. Ich will dir lediglich beweisen, daß hinter Gottes Goldener Regel mehr stecken muß, als nur der Wunsch dessen, der sie anwendet. Wie wir gleich sehen werden, muß Gott selbst mit Seiner ganzen Kraft dieser Regel zum Durchbruch verhelfen, damit sie wirksam sein kann.

Säen und Ernten

Die Bibel läßt uns wissen, daß wir ernten, was wir säen.

Irrt euch nicht, Gott läßt sich nicht verspotten! Denn was ein Mensch sät, das wird er auch ernten.

Galater 6, 7

Ich kann aus Erfahrung bezeugen, daß das Gesetz des Säens und Erntens uneingeschränkt wirksam ist. Bitte verstehe mich nicht falsch. Ich bin mir bewußt, daß im natürlichen Bereich Dinge nicht zu-, sondern abnehmen. Im Hinblick auf das Säen und Ernten gelten andere Maßstäbe, weil Gott *das Gesetz der Vermehrung eingeführt hat.* Er selbst erhält dieses Gesetz aufrecht und verleiht ihm die notwendige Kraft – nämlich Seine göttliche Kraft.

Ich gebe zu, es dauert einige Zeit, bis der Same, den du ausgestreut hast, sich entwickelt hat. Doch das wird immer geschehen, denn ein Mensch wird immer das ernten, was er gesät hat. Das ist eine biblische Wahrheit, und sie ist wirksam, weil Gott mit Seiner Macht dahinter steht!

***Erfahrungsbericht*:**
Meine Frau und ich haben mit Feuereifer unsere Schulden bekämpft, und gleichzeitig haben wir Samen ausgestreut. Jetzt haben wir alle unsere Schulden abbezahlt. Wir können die Segnungen, mit denen Gott uns überschüttet, kaum noch fassen. I. J. – Broken Arrow, OK

Die Kraft hinter dem Gesetz

Wenn nicht der Epheserbrief eine eindeutige Aussage enthalten würde, wäre es sehr viel schwieriger zu beweisen, daß Gott die Goldene Regel mit Seiner eigenen Kraft erfüllt. Doch in Epheser 6, 8 heißt es nicht nur, daß Gott die treibende Kraft hinter dieser Gesetzmäßigkeit ist, sondern dort wird dir auch aufgezeigt, wie du dieses Gesetz im Hinblick auf dein persönliches Schuldenfreiheitsprogramm in Kraft setzen kannst.

> *Ihr wißt doch, daß jeder, der Gutes tut,* ***dies vom Herrn empfangen wird****, er sei Sklave oder Freier.*
>
> *Epheser 6, 8*

Deutlicher kann man es ja wohl nicht ausdrücken! Gott erklärt ausdrücklich, daß Er die Kraft ist, die der Goldenen Regel ihre Wirkungskraft verleiht. Wann immer du einem anderen Menschen etwas Gutes tust, *wird Gott dasselbe für dich tun.* Sei dir unbedingt bewußt, daß ein Engel oder eine natürliche Kraft das nicht tun werden. *Der allmächtige Gott* ist derjenige, von dem du dasselbe empfangen wirst.

Gestalte das Versprechen individuell

Denken wir einmal über dieses Versprechen eingehender nach. Nehmen wir einmal an, du findest jemanden, der ernsthaft von seinen Schulden loskommen möchte – ich meine nicht jemanden, der nur davon redet, daß er gerne schuldenfrei wäre, sondern jemanden, der es damit wirklich ernst meint so wie du –, und du würdest dem Betreffenden aus seinen Schulden heraushelfen, dann *müßte* Gott, laut Seinem Versprechen in Epheser 6, 8 auch dir helfen, von deinen Schulden frei zu werden. Daran kann es keinen Zweifel geben. Wenn Epheser 6, 8 wahr ist – und ich weiß, daß es das ist –, wird Gott mit Sicherheit deine gute Tat anerkennen, wenn du jemandem dabei hilfst, schuldenfrei zu werden.

Ich möchte, daß du noch einmal einen Blick in das Wort Gottes wirfst, um zu sehen, was mit einem Menschen geschieht, der einem anderen *etwas Gutes* tut.

> *Ihr wißt doch, daß jeder, der* ***Gutes*** *tut, dies [dieselbe Sache] vom Herrn empfangen wird...*
>
> *Epheser 6, 8*

Ich bin mir sicher, daß du es nun erkannt hast! Wenn du jemandem jeden Monat dabei hilfst, sein Schuldenfreiheitsprogramm umzusetzen, wird Gott genau dasselbe, was du durch deine Unterstützung im Leben des anderen erreichst, für dich möglich machen. Ja, du hast richtig gehört. *Gott höchstpersönlich wird dir aus deinen Schulden heraushelfen.*

***Erfahrungsbericht*:**
Wir waren in der Lage, anderen zu helfen, und wir konnten außerdem alle unsere Schulden, die wir wegen unserer Kreditkarten hatten, vollständig abbezahlen. ***T.C. – Albuquerque, NM***

Begrenzte Kraft setzt grenzenlose Kraft frei

Ich weiß nicht, in welchem Umfang es dir möglich ist, einem anderen Menschen zu helfen, schuldenfrei zu werden, da du ja durch deine eigene Schuldenlast eingeschränkt bist. Darauf kommt es aber gar nicht an, denn das Wort Gottes erwähnt an keiner Stelle, daß Gott nur dann dasselbe für dich tun wird, wenn du etwas wirklich Großartiges für jemand anderen tust. Es heißt dort lediglich, daß der, der *Gutes* tut, von Gott dasselbe empfangen wird.

Denk darüber nach. Du kannst Gottes *grenzenlose, von Schulden freimachende Kraft* zu deinen Gunsten wirksam werden lassen, indem du deine im Vergleich dazu gering erscheinende Kraft für jemand anderen einsetzt.

Schließe dich an diese Kraftquelle an

Lieber Freund, ich hoffe, du erkennst die gewaltige Kraftwirkung, die solches Handeln gegen deine eigenen Schulden hervorbringen wird. Es wird Gottes Kraft gegen sie auslösen. Die begrenzte Kraft, die du einsetzt, um einem anderen aus seinen Schulden herauszuhelfen, *wird Gottes unbegrenzte Kraft freisetzen, um dich schuldenfrei zu machen.*

Die von Schulden freimachende Kraft, zu deren Freisetzung ich dich ermutigt habe, ist nichts anderes als die ureigene Kraft Gottes, und wenn diese Kraft zu deinen Gunsten wirkt, ist dir Gottes Schuldenfreiheit so gut wie sicher.

So, nun habe ich dir den vierten Stein übergeben. Wenn du ihn richtig einsetzt, ist er eine mächtige Waffe in deinem Kampf gegen die Schulden. Durch ihn hast du Zugang zur Kraft des allmächtigen Gottes. Diese Waffe verschafft dir den Vorteil, den du dir in der Schlacht gegen Goliat – gegen deine Schulden – wünschst, der dich im Moment gefangen hält.

***Erfahrungsbericht*:**

Als Hochzeitsgeschenk erließ uns die Kreditanstalt unseres Autoherstellers die noch ausstehenden Ratenzahlungen. Auf eine Karte hatte der Betreffende geschrieben: „Der Herr hat es mir aufs Herz gelegt, Ihnen diese Schulden zu erlassen, damit sie finanziell unbelastet in Ihre Ehe gehen können." Dieses Wunder ereignete sich, nachdem wir unserer Gemeinde Geld gespendet hatten, damit diese ihre Schulden abbezahlen konnte.

N. S. – Jacksonville, FL

6

Wie man den Himmel auf sich aufmerksam macht

*...Dein Gebet ist erhört, und deiner Almosen **ist gedacht worden** vor Gott.*

Apostelgeschichte 10, 31

Die fünfte Möglichkeit, wie du Gottes Kraft in deinem Kampf gegen die Schulden freisetzen kannst, ist sehr durchschlagend. Wenn du entsprechend handelst, wird Gott Seine ganze Aufmerksamkeit darauf richten, dich von deinen Schulden zu befreien. Wir haben das sichere Versprechen, denn ein Engel hat diese Nachricht übermittelt.

...und [der Engel] spricht: Kornelius! Dein Gebet ist erhört und ihm ist gedacht worden, und deine Almosen für die Armen sind von Gott gesehen worden und haben bei ihm Beachtung gefunden [, so daß Er darauf bedacht ist, dir zu helfen].

Apostelgeschichte 10, 31 (Erweiterte Version)

Besuch von Engeln

Halte es nicht für merkwürdig, daß ein Engel vor einem Menschen erscheint. Die Bibel berichtet von zahlreichen Besuchen von Engeln. Abraham hatte Begegnungen mit Engeln; Jakob wurde von einem Engel besucht; sogar einem Esel ist ein Engel erschienen. Ein Engel kam zu der Jungfrau Maria. In der Nacht, als unser Herr geboren wurde, sprachen Engel zu den Hirten.

Jedesmal, wenn ein solches Ereignis stattfand, wurde eine Nachricht aus dem Himmel überbracht. Trotzdem ist der Besuch des Engels, der zu Kornelius kam, für unsere Generation etwas Besonderes, denn durch ihn wurde *eine Wahrheit, die ihn Vergessenheit geraten war,* wieder neu eingeführt. Viele Jahre lang hatte die Gemeinde dieser Wahrheit keine Beachtung geschenkt. Wenn wir sie richtig begreifen, erhalten wir wieder Zutritt zu einer Gebetsweise, die eine enorme Wirkungskraft hat.

Kornelius erhält Besuch

Der Name Kornelius scheint wie aus heiterem Himmel im 10. Kapitel der Apostelgeschichte aufzutauchen. Obwohl der Bericht über ihn kurz ist, ist die Erwähnung dieses Heiden in der Schrift von äußerster Wichtigkeit, denn sein Gebet hat die Aufmerksamkeit Gottes erregt. Im Vergleich zu anderen biblischen Berichten scheint Kornelius' Geschichte unbedeutend – doch nur so lange, bis man gewahr wird, daß er ein Heide ist. Vor den Ereignissen, von denen im 10. Kapitel der Apostelgeschichte die Rede ist, war die heidnische Welt so gut wie überhaupt nicht mit dem Evangelium in Berührung gekommen. Dadurch daß Kornelius jedoch Gebet und Geben verbunden hatte, gewannen sein Gebet und seine großzügigen Almosen enorm an Bedeutung. Durch den Engel erfahren wir, daß er durch die Verbindung dieser beiden Elemente aus seiner Bitte *ein Gebet* gemacht hatte, *dem gedacht wurde.* Beachte sorgfältig, daß dieses besondere, *mit übernatürlicher Kraft aufgeladene Gebet* Kornelius einen von Gott angeordneten Besuch einbringt: Der berühmte Apostel Simon Petrus kommt zu ihm.

> *...Deine Gebete und deine Almosen sind hinaufgestiegen zum Gedächtnis vor Gott.*
>
> *Apostelgeschichte 10, 4*

Der Engel gibt außerdem zu verstehen, daß noch etwas anderes geschah, als Kornelius zu seinem Gebet auch Spenden hinzufügte. Gott sandte nicht nur den Apostel Petrus zu Kornelius, sondern Er räumte seinem Gebet auch noch einen Ehrenplatz ein. Gott hielt es sich ständig vor Augen.

> *...Kornelius! Dein Gebet ist erhört, und deiner Almosen* ***ist gedacht worden*** *vor Gott.*
>
> *Apostelgeschichte 10, 31*

In der Erweiterten Übersetzung der Bibel kommt diese Wahrheit noch deutlicher zum Ausdruck. Dort sehen wir, daß Gebet und Geben – wenn diese beiden Elemente kombiniert werden – ständig bei Gott Beachtung finden.

> *...Kornelius! Dein Gebet ist erhört und ihm ist gedacht worden, und deine Almosen für die Armen sind von Gott gesehen worden und* ***haben bei ihm Beachtung gefunden*** *[, so daß Er darauf bedacht ist, dir zu helfen].*
>
> *Apostelgeschichte 10, 31 (Erweiterte Version)*

***Erfahrungsbericht*:**
Ich war mit meinen Ratenzahlungen für mein Auto im Rückstand, also überwies ich zunächst zwei Raten. In der Zwischenzeit säte ich einen Samen in Form eines mit Geben kombinierten Gebets. Zwei Wochen später erhielt ich eine Genesungskarte von dem Händler, bei dem ich das Auto gekauft hatte. Das Kuvert enthielt meinen Scheck für die beiden Ratenzahlungen. Er war zerrissen!

V. A. – Indianapolis, IN

Gott ehrt „kombinierte" Gebete

Beachte, daß es in der Erweiterten Bibelübersetzung heißt, **„...haben bei ihm Beachtung gefunden [, so daß Er darauf bedacht ist, dir zu helfen]"**, wenn wir ein aufrichtiges Gebet mit großzügigem Geben verbinden. Ich höre regelrecht, wie jetzt jemand fragt: „Bruder John, ich höre zum ersten Mal davon, daß man Gebet mit Geben verbinden soll. Bist du sicher, daß es in Ordnung ist, das zu tun?"

Ich versichere dir, daß ich dir nicht dazu raten würde, Gebet und Geben zu kombinieren, wenn ich nur eine einzige Bibelstelle als Beweis dafür hätte. Doch tatsächlich kommt es im Wort Gottes häufig vor, daß Menschen wie du und ich sowohl gebetet als auch gegeben haben, um Gott auf ihr Anliegen aufmerksam zu machen.

Hanna verband ihr Gebet mit einer Gabe

Im 1. Samuel wird von einer gottesfürchtigen Frau namens Hanna berichtet. Sie verband ihr Gebet mit einer Gabe und erlebte anschließend, wie Gott nahezu augenblicklich eingriff, um ihren Wunsch zu erfüllen. Hier erfährst du, was ihr Gebetsanliegen war.

> *Und sie legte ein Gelübde ab und sprach: Herr der Heerscharen! Wenn du das Elend deiner Magd ansehen und meiner gedenken und deine Magd nicht vergessen wirst und deiner Magd einen männlichen Nachkommen geben wirst, so will ich ihn dem Herrn alle Tage seines Lebens geben. Und kein Schermesser soll auf sein Haupt kommen.*
>
> *1. Samuel 1, 11*

Hanna hat ein ganz bestimmtes Anliegen: Sie wünscht sich ein Kind. Man hört den Schrei ihres Herzens in ihrer verzweifelten Bitte an Gott, Er möge ihrer gedenken. Nun beachte sorgfältig, daß *sie ihrem Gebet auch eine Gabe hinzufügt.* Sie bringt Gott eine äußert kostbare Gabe dar, denn sie bietet Ihm ihren erstgeborenen Sohn an. Es ist außerdem bemerkenswert, daß sie dieses neue Gebet spricht, nachdem sie jahrelang erfolglos gebetet hatte. Als sie nun jedoch ihr Gebet mit einer Gabe kombiniert hatte, *vergehen nur ein paar Stunden, bis Gott reagiert und ihrem Wunsch entspricht.*

> *Und sie machten sich am nächsten Morgen früh auf und beteten an vor dem Herrn. Und sie kehrten zurück und kamen in ihr Haus nach Rama. Und Elkana erkannte Hanna, seine Frau;* ***und der Herr dachte an sie****.*
>
> *1. Samuel 1, 19*

***Erfahrungsbericht*:**
Ich habe gebetet und gegeben. Mein Anliegen war, meine Rechnungen bezahlen zu können und die Errettung meines Ehemanns und meiner beiden Kinder. Meine Rechnungen habe ich mittlerweile bezahlt, und meine beiden Söhne haben ihr Leben Jesus Christus übergeben... Mein Mann wird ihrem Beispiel bald folgen.

L. E. – Lewisville, TX

Jeftah betete und gab

Das Buch Richter erzählt von Jeftah. Gott hatte ihn aufgefordert, das Volk Israel in den Kampf gegen die Söhne Ammon zu führen. Die Bibel berichtet von einer Krise, in die er geriet, als die Schlacht ihren Höhepunkt erreicht hatte. Als Jeftah Ephraims Männer um Unterstützung bat, verweigerten sie ihm ihre Hilfe.

> *Da sagte Jeftah zu ihnen [Ephraim]: Ich habe einen heftigen Streit ausgefochten, ich und mein Volk, mit den Söhnen Ammon. Ich habe euch zu Hilfe gerufen,* ***aber ihr habt mich nicht aus ihrer Hand gerettet.***
>
> *Richter 12, 2*

Durch Ephraims Weigerung mitzukämpfen wird das Kräfteverhältnis für die Armee Gottes sehr bedenklich. Wegen dieser Machtverlagerung muß Jeftah ein Gebet sprechen, daß *sofort* beantwortet wird. Wenn sich Gott nicht rechtzeitig einschaltete, wäre alles verloren. Wie wird er beten? Was wird er tun, um Gottes rasches Handeln sicherzustellen? Beachte, daß er sich dafür entscheidet, sich bei Gott bemerkbar zu suchen, indem er seinem Gebet eine Gabe hinzufügt.

> *Und Jeftah gelobte dem Herrn ein Gelübde und sagte: Wenn du die Söhne Ammon wirklich in meine Hand gibst,* ***dann soll der – wer es auch sei – der aus der Tür meines Hauses herauskommt mir entgegen, wenn ich in Frieden von den Söhnen Ammon zurückkehre, der soll dem Herrn gehören...***
>
> *Richter 11, 30-31*

Sein Anliegen war simpel. „Herr, gib die Söhne Ammons in meine Hand." Dann verlieh er seinem Gebet übernatürliche Kraft, indem er es mit einer Gabe verband. „Der, der als erster aus der Tür meines Hauses herauskommt, gehört dir, Herr." Nun, die wichtigste Frage, die man im Hinblick auf Jeftahs Gebet stellen sollte, lautet: Hatte es Erfolg? Eilte Gott Jeftah sofort zu Hilfe? Die Antwort ist: Ja, Er tat dies unverzüglich.

So zog Jeftah zu den Söhnen Ammon hinüber, um gegen sie zu kämpfen. ***Und der Herr gab sie in seine Hand.***

Richter 11, 32

***Erfahrungsbericht*:**
Ich habe gebetet und ein Versprechen von $ 1.000 gemacht, da unsere hohe Verschuldung uns enorm belastete. Danach konnten wir eine Schuld von $ 13.000 begleichen, obwohl wir nicht erwartet hatten, genügend Geld dafür zu haben. ***G. H. – Bradenton, FL***

Eine Witwe kombiniert Beten mit Geben

Den Bericht über eine der bekanntesten Witwen, die je gelebt hat, finden wir im 17. Kapitel des Buches 1. Könige. Es ist die Geschichte einer Frau, die sowohl das Leben ihres Sohnes als auch ihr eigenes rettet. Auch sie tut dies, indem sie ihr Gebet mit einer Gabe verbindet. Das Wort Gottes teilt uns mit, daß Gott sie um einen ganz bestimmten Gefallen bittet. Sie sollte sich um Seinen auserwählten Propheten Elia kümmern.

...Siehe, ich habe dort einer Witwe befohlen, dich zu versorgen.

1. Könige 17, 9

Als der Prophet Elia das Haus der Witwe erreicht hatte, lief etwas gehörig schief, denn sie weigerte sich, ihm etwas zu essen zu geben. Dafür hat sie triftige Gründe, denn sie ist gerade dabei, ihre letzte Mahlzeit zuzubereiten und ihre Vorräte reichen nicht aus, um auch noch einen Gast zu verköstigen.

> *...So wahr der Herr, dein Gott, lebt, wenn ich einen Vorrat habe außer einer Handvoll Mehl im Topf und ein wenig Öl im Krug! Siehe, ich sammle eben ein paar Holzstücke auf, dann will ich hineingehen und es mir und meinem Sohn zubereiten, damit wir es essen und dann sterben.*
>
> *1. Könige 17, 12*

Eine Frau des Gebets

Es erübrigt sich zu erwähnen, daß diese Frau, deren Vorräte zur Neige gingen, schon lange Zeit gebetet hatte. Wir wissen, daß sie eine gottesfürchtige Frau ist, und deshalb ist anzunehmen, daß sie betete. Sicherlich würde Gott einer Frau, die nicht betet, nicht die bedeutungsvolle Aufgabe übertragen, Seinen auserwählten Propheten zu versorgen.

Wir können auch davon ausgehen, daß sie regelmäßig für ihre Nahrungsmittelversorgung gebetet hatte, da sie eine alleinstehende Mutter war. Wenn alleinstehende Mütter für irgend etwas beten, dann sicherlich für Nahrungsmittel. Wir wissen also, daß sie angesichts ihrer zur Neige gehenden Vorräte zweifellos immer und immer wieder gebetet hat. Doch trotz ihrer Gebete wurden ihr Mehl und ihr Öl von Tag zu Tag weniger, bis sie schließlich vom Hungertod bedroht war. Gott sei Dank, daß Elia sie schließlich davon überzeugen konnte, *nicht nur zu beten, sondern auch etwas zu geben.*

> *Da sagte Elia zu ihr: ...Doch zuerst bereite mir davon einen kleinen Kuchen zu und bring ihn mir heraus!*
> *Da ging sie hin und tat nach dem Wort Elias. Und sie aß, er und sie und ihr Haus, Tag für Tag. Das Mehl im Topf ging nicht aus, und das Öl im Krug nahm nicht ab nach dem Wort des Herrn, das er durch Elia geredet hatte.*
>
> *1. Könige 17, 13 und 15-16*

***Erfahrungsbericht*:**
Meine Töchter und ich hatten mehrere Tausend Dollar Schulden. Durch deinen Dienst kamen wir auf den Gedanken, ein Gebet mit einem Opfer für den Herrn zu verbinden. In weniger als einem Jahr hat Gott auf übernatürliche Weise all unsere Schulden – außer den Studiengebühren – abbezahlt. ***A. F. – Indianapolis, IN***

Jüdische Führungspersonen beten und geben

Das nächste Beispiel ist eines der wichtigsten, das ich in der Bibel gefunden habe, denn dieser Vorfall bewegt Jesus dazu, eine Ausnahme zu machen, die nicht dem vorherbestimmten Plan entspricht. Er dient nämlich einem Heiden, bevor die für die Heiden festgesetzte Zeit gekommen ist (Apostelgeschichte 10).

Das Lukas-Evangelium berichtet von diesem Mann. Es war ein Hauptmann, der sich mit der Bitte um Heilung an Jesus wandte. Er wollte, daß der Herr seinen liebsten Diener gesund machte.

Bedenke dabei, daß der Hauptmann ein Heide war, der bis dahin noch kein Recht hatte, von Jesus etwas zu bekommen.

> *...Ich bin nur gesandt zu den verlorenen Schafen des Hauses Israel. ... Es ist nicht schön, das Brot der Kinder zu nehmen und den Hunden [Heiden] hinzuwerfen.*
>
> *Matthäus 15, 24 und 26*

Diese Schriftstelle zeigt deutlich auf, daß die Zeit der Heiden noch nicht gekommen war. Als die Ältesten der Juden sich mit der Bitte des Hauptmanns um Gebet an Jesus wenden, spielen sie einen wirkungsvollen Trumpf aus. Sie bitten Jesus, dem Hauptmann seinen Wunsch zu erfüllen, weil dieser es wert sei. Dann erwähnen sie absichtlich in Verbindung mit seiner Bitte seine Gebefreudigkeit.

> *Eines Hauptmanns Knecht aber, der ihm wert war, war krank und lag im Sterben. Als er aber von Jesus hörte, sandte er Älteste der Juden zu ihm und bat ihn, daß er komme und seinen Knecht gesund mache. Als diese aber zu Jesus hinkamen, baten sie ihn* ***inständig und sprachen****: Er [der Hauptmann] ist würdig, daß du ihm dies gewährst; denn er liebt unsere Nation, und* ***er selbst hat uns die Synagoge erbaut.*** *Jesus aber [nachdem Er von seinem Geben gehört hatte] ging mit ihnen...*
>
> *Lukas 7, 2-6*

Lies den 5. Vers noch einmal, aber dieses Mal in der Erweiterten Bibelübersetzung.

> *...denn er liebt unsere Nation, und er hat uns unsere Synagoge gebaut [auf seine eigenen Kosten].*
>
> *Lukas 7, 5 (Erweiterte Version)*

Diese Übersetzung betont, daß der Hauptmann sein eigenes Geld dafür verwendet hatte, um die Synagoge zu bauen. Aus diesen Versen wird deutlich, daß die Priester jener Zeit offensichtlich etwas über Gebet wußten, das in der heutigen Zeit verloren gegangen ist. Sie wußten, daß ein Gebet sehr viel wirkungsvoller war, wenn der Betreffende es mit einer Gabe verband. Deshalb erwähnten sie im Zusammenhang mit der Bitte des Hauptmanns in einem Atemzug, was er gegeben hatte, und so wurde daraus ein kombiniertes Gebet. Hatten sie damit Erfolg? Laut der Bibel erreichten sie ihr Ziel, denn Jesus ging mit den Ältesten und heilte den Knecht des Hauptmanns.

Es gibt noch etliche andere Berichte in der Schrift, in denen die Rede davon ist, daß Menschen Gebet mit einer Gabe verbunden haben. Das Ergebnis ist jedoch in jedem Fall dasselbe. *Gott greift rasch ein, um der betreffenden Person,* die ihr Anliegen in dieser Form vor Ihm zum Ausdruck gebracht hat, *zu Hilfe zu eilen.*

***Erfahrungsbericht*:**
Bei unserer 7-jährigen Tochter mußte eine Notoperation durchgeführt werden. Wir waren jedoch nicht versichert und hatten auch nicht das Geld, um die Rechnung von $ 20.000 zu bezahlen. Wir haben dir $ 1.000 gesandt mit der Bitte, für uns zu beten. Nach relativ kurzer Zeit erfuhren wir, daß die gesamte Rechnung bezahlt worden war, und wir mußten keinen einzigen Pfennig bezahlen.

M. M. – Santa Margarita, CA

Rücke dein Gebet in Gottes Blickfeld

Es ist nun an der Zeit, daß du den wichtigsten Schritt in deinem Kampf gegen die Schulden unternimmst. Du mußt deinem Anliegen, schuldenfrei zu werden, fortwährend vor dem Thron Gottes Nachdruck verleihen.

Erinnere dich daran, daß zwei Dinge geschahen, als Kornelius sein Gebet mit Geben unterstützte. Kornelius machte sein Anliegen *ununterbrochen* bei Gott *bekannt*. Und er erhielt die Zusicherung, daß Gott bereit war, ihm zu helfen.

> *...Kornelius! Dein Gebet ist erhört und ihm ist gedacht worden, und deine Almosen für die Armen sind von Gott gesehen worden und* ***haben bei ihm Beachtung gefunden*** *[, so daß Er darauf bedacht ist, dir zu helfen].*
>
> *Apostelgeschichte 10, 31 (Erweiterte Version)*

Im nächsten Kapitel werde ich dir helfen, deinen eigenen Krieg gegen die Schulden zu beginnen. Ich werde dich dabei unterstützen, diese fünf wirkungsvollen Prinzipien in deinem Leben einzusetzen.

7

Dein Goliat muß fallen

In den vorherigen Kapiteln habe ich dir fünf Strategien vorgestellt, mit deren Hilfe du schnell schuldenfrei werden wirst. Jede einzelne von ihnen ist verknüpft mit dem Versprechen, daß Gott durch sie in deinem Kampf gegen die Schulden ein gewisses Maß Seiner Kraft freisetzt. An dieser Stelle werden wir sie uns noch einmal in Erinnerung rufen, bevor wir sie in deinem Leben in die Tat umsetzen.

Von Goliat gefangen

In Kapitel 1 hast du gelernt, was Schulden in Wirklichkeit sind. Sie sind ein Goliat, der Menschen gefangen nimmt und sie bis auf das letzte Hemd auszieht. Die meisten Christen in den heutigen Gemeinden werden von diesem Goliat terrorisiert.

Du hast außerdem gelernt, daß Schulden dich zu einem lebenslänglichen Sklaven des weltlichen Finanzsystems machen können.

> *...der Sklave ist der Schuldner seinem Gläubiger.*
>
> *Sprüche 22, 7*

Obwohl den meisten Christen diese Tatsache bewußt ist, muß man bedauerlicherweise sagen, daß der Großteil der Kinder Gottes hoffnungslos und bis über beide Ohren verschuldet ist.

Mit Gottes Kraft aufgeladen

In Kapitel 2 hast du den ersten der fünf Schritte kennengelernt, durch den dein Schuldenfreiheitsprogramm mit göttlicher Kraft aufgeladen wird. Es beinhaltet drei Dinge, die du wissen mußt, denn durch sie erhältst du die Kraft Gottes, die du benötigst, um aus deinen Schulden herauszukommen. Zunächst mußt du wissen, daß Gott ein Gott ist, der Schulden auslöscht. Um diese Tatsache zu beweisen, habe ich sie eindeutig durch biblische Berichte über Menschen wie du und ich belegt, die Gott durch ein Wunder von ihren Schulden befreit hat.

Du hast von einer Witwe und ihren beiden Söhnen gelesen, deren Öl vermehrt wurde, so daß sie von ihren Schulden frei werden konnten. Du hast außerdem vom Eisen einer Axt erfahren, das auf den Grund eines Flusses gesunken war. Auf das Wort eines gottesfürchtigen Mannes hin kam es jedoch wieder an die Oberfläche. Zudem hast du gelesen, daß einer ganzen Nation durch ein Wunder an einem Tag sämtliche Schulden erlassen wurden. Und der herausragendste Vorfall war, daß Jesus eine Steuerschuld mit Geld bezahlte, das aus dem Maul eines Fisches geholt worden war. Dann hast du davon gehört, daß der Sklave Onesimus durch ein Wort des Apostels Paulus schuldenfrei wurde. Wir haben göttliche Schuldentilgung gesehen, wie sie während der 1650 Jahre unter dem Mosaischen Gesetz stattfand. Alle sieben Jahre wurden den Schuldnern von ihren Gläubigern jegliche Schulden erlassen. Und alle 50 Jahre feierten die Israeliten das große Jobeljahr, in dem wiederum die Gläubiger alle Schulden erließen und den ursprünglichen Eigentümern ihren Besitz zurückgaben.

Du hast außerdem gelernt, daß die Verbindung der Wahrheit in Hebräer 13, 8, **„Jesus Christus ist derselbe gestern und heute und in Ewigkeit“**, mit der Tatsache, daß Gott schon zu früheren Zeiten schuldenfrei gemacht hat, noch mehr göttliche Kraft für dich freisetzt. *Wenn Gott in der Vergangenheit Schulden ausgelöscht hat, dann kannst du wissen, daß Er es auch heute noch tut.*

In Kapitel 2 hast du noch eine weitere wichtige Information erhalten. Du hast entdeckt, daß *dein Gott alle Menschen gleich behandelt und niemanden bevorzugt.*

> *...In Wahrheit begreife ich, daß Gott die Person nicht ansieht...*
>
> *Apostelgeschichte 10, 34*

Anhand dieser Schriftstelle kannst du davon ausgehen, daß Gott weder Hanna, noch Jeftah oder die Witwe von Zarpat dir vorziehen würde. Die biblische Schlußfolgerung, die du hieraus ziehen mußt, ist, daß *Er auch dir aus den Schulden heraushelfen wird, wenn Er es bereits für andere getan hat.*

Laß dich durch meine Aussage über eine biblische Schlußfolgerung bitte nicht aus dem Konzept bringen. Das Wort Gottes erklärt eindeutig, daß diese Vorbilder für uns sein sollen.

> *Alles dies aber widerfuhr jenen als Vorbild [Beispiel]...*
>
> *1. Korinther 10, 11*

Da Gott bereits andere Menschen schuldenfrei gemacht hat, versichert Er dir, daß Er dasselbe auch für dich tun wird.

***Erfahrungsbericht*:**
Wir sind durch zwei Wunder schuldenfrei geworden, eine Schuldenbelastung betrug $ 8.000. ***M. B. – El Paso, TX***

In Kapitel 2 bist du außerdem zu der Erkenntnis gelangt, daß Gott dich schuldenfrei machen möchte. Du hast diese Wahrheit in 5. Mose 28 gelesen, wo es heißt, daß ein gehorsames Kind Gottes zwar anderen ausleiht, aber selbst nichts leihen wird. Durch diese Erkenntnis kannst du erwarten, innere Stärke von Gott zu empfangen. Der Grund dafür ist, *daß Er denjenigen, den Er beruft, auch befähigt.* Du weißt jetzt: Wenn Er dich von deinen Schulden befreien möchte, dann gibt Er dir auch die Kraft, schuldenfrei zu werden. Höre dir nun noch einmal folgenden machtvollen Vers an und behalte ihn im Gedächtnis.

> *Denn mit Gott wird niemals etwas unmöglich sein, und* ***kein Wort von Gott wird ohne Kraft sein oder unfähig, sich zu erfüllen****.*
>
> *Lukas 1, 37 (Erweiterte Version)*

Dieser Vers zeigt auf, daß das Wort Gottes, das dir offenbart hat, daß Er deine Schulden auslöschen möchte, auch genügend Kraft beinhaltet, diesen Wunsch in die Tat umzusetzen. Wenn Gottes Wort erklärt, daß Er dich schuldenfrei machen möchte (5. Mose 28), wird Gottes Kraft mit Seinem Wort einhergehen, um dich von deinen Schulden zu befreien (Markus 1, 27).

Glaube, der handelt, ist lebendig und stark

Im 3. Kapitel hast du zwei wichtige Dinge gelernt, die du regelmäßig tun mußt. Sie werden noch mehr göttliche Kraft für dein Schuldenfreiheitsprogramm freisetzen. Es führt kein Weg daran vorbei: *Menschen, die ihre Schulden loswerden, tun bestimmte Dinge.* Sie hören damit auf, mehr auszugeben, als sie einnehmen. Sie hören damit auf, ihr Geld leichtsinnig zu verplempern. Sie bemühen sich mit ganzer Kraft darum, ihre Rechnungen zu bezahlen. Allein die Aufzählung dieser wenigen Dinge macht deutlich, daß durch das Verbinden deines Glaubens an einen von Schulden freimachenden Gott mit den entsprechenden Handlungen, durch die man schuldenfrei wird, etwas geschehen muß. Denn zum einen wird der Glaube, den man benötigt, um ans Ziel zu gelangen, nicht absterben. Es wird weiterhin ein pulsierender, lebendiger Glaube sein – die Art von Glauben, die dich bis zum Sieg durchträgt.

> *So ist auch der Glaube, wenn er keine Werke hat, in sich selbst tot.*
>
> *Jakobus 2, 17*

Du hast außerdem gelernt, das es noch etwas gibt, was du tun mußt. Du mußt so reden, als ob du schuldenfrei werden wirst. Ich drücke es meistens so aus: Du mußt anfangen, die „Sprache der Schuldenfreien" zu sprechen. Du mußt kühne Aussagen machen, die deine Schuldenfreiheit ankündigen, wie: „Das ist das letzte Auto, das ich auf Ratenzahlung gekauft habe!" „Es wird unter keinen Umständen 30 Jahre dauern, bis ich mein Haus abbezahlt haben werde!" „Ich und meine Familie haben uns entschieden, schuldenfrei zu werden!"

Du hast nicht nur erkannt, daß es dich seelisch stärkt, wenn du davon sprichst, daß du schuldenfrei werden wirst, sondern du weißt nun auch, daß Gott dafür sorgen wird, daß die Dinge, von denen du redest, zustande kommen werden, wenn du zudem noch glaubst, was du sagst.

> *...Habt Glauben an Gott [Habt Gottes Art von Glauben]!*
>
> *Wahrlich, ich sage euch: Wer zu diesem Berg sagen wird: Hebe dich empor und wirf dich ins Meer! und nicht zweifeln wird in seinem Herzen, sondern glauben, daß geschieht, was er sagt [du sagst], dem wird es werden.*
>
> *Markus 11, 22-23*

Wenn du treu die Dinge tust, die du in Kapitel 3 gelernt hast, wird noch mehr göttliche Kraft in dein Schuldenfreiheitsprogramm fließen.

***Erfahrungsbericht*:**
Ich habe deine Bücher gelesen und mache Gebrauch von den dort dargestellten Prinzipien. Zu meinem Erstaunen werde ich dieses Haus in nur wenigen Jahren abbezahlt haben!
J. B. – Brownwood, TX

Der Himmel muß offen sein

In Kapitel 4 war die Rede von einer Aufforderung Gottes, die zwar den meisten Christen bekannt ist, aber der die wenigsten nachkommen. Dort hast du gesehen, daß sowohl die Wunder, die Schuldenfreiheit herbeiführen, als auch jegliche andere Form von Hilfe, die der Herr dir zukommen lassen möchte, nur möglich sind, wenn die Fenster des Himmels geöffnet sind. Aus der Bibel weißt du, daß nur diejenigen unter einem offenen Himmel leben, die den Zehnten bezahlen.

> *Bringt den ganzen Zehnten in das Vorratshaus, damit Nahrung in meinem Haus ist! Und prüft mich doch darin, spricht der Herr der Heerscharen, ob ich euch nicht die Fenster des Himmels öffnen... werde...*
>
> *Maleachi 3, 10*

Außerdem hast du erfahren, daß *Gott den Fresser vertreibt,* wenn du den Zehnten bezahlst. Besser gesagt, Gott entmachtet den Fresser im Leben derjenigen, die treu ihren Zehnten bezahlen.

> *Und ich werde um euretwillen den Fresser bedrohen...*
>
> *Maleachi 3, 11*

Nachdem nun die Fenster des Himmels offen sind und der Fresser deines Besitzes bedroht und vertrieben wurde, rückt das Wunder, durch das deine Schulden ausgelöscht werden, in greifbare Nähe. Gott kann nun durch die Fenster des Himmels, die du durch das Bezahlen deines Zehnten geöffnet hast, Seinen Segen in einem Maß über dich ausgießen, wie du es dir niemals erträumt hättest.

***Erfahrungsbericht*:**
An dem Tag, an dem ich mich entschlossen hatte, daß ich – ganz gleich unter welchen Umständen – den Zehnten bezahlen würde, konnte mein Mann wieder an seinen alte Arbeitsstelle zurückkehren, nachdem er sieben Monate lang arbeitslos gewesen war!

R. S. – Pembroke Pines, FL

Erzeuge einen Strom, der dich aus den Schulden hinausschwemmt

In Kapitel 5 hast du eine Information erhalten, die du benötigst, um die göttliche Kraft in deinem Schuldenfreiheitsprogramm zu intensivieren. Es gibt einen soliden, biblischen Plan, der denjenigen Gottes Unterstützung garantiert, die ihn genau befolgen. Die biblische Hauptbetonung lag in diesem Kapitel auf einem der ausdrücklichsten Versprechen Gottes. Er hat nämlich zugesagt, daß Er dir helfen wird, schuldenfrei zu werden, wenn du jemand anderem bei demselben Unterfangen unter die Arme greifst.

> *Ihr wißt doch, daß jeder, der Gutes tut, dies vom Herrn empfangen wird, er sei Sklave oder Freier.*
>
> *Epheser 6, 8*

Deutlicher als in diesem Vers kann man es wohl kaum ausdrücken. Die Bibel versichert, daß Gott dir persönlich zu Hilfe eilen wird, wenn du etwas Gutes tust – wie etwa einen anderen Menschen dabei zu unterstützen, seine Schulden loszuwerden.

***Erfahrungsbericht*:**
Wir konnten es uns kaum leisten, dein Buch zu kaufen, doch wir kauften nicht nur eines für uns, sondern auch noch ein weiteres Exemplar für eine alleinstehende Mutter in unserer Gemeinde. Mittlerweile konnten wir alle unsere Schulden abbezahlen, und sie [die junge Mutter] ist ebenfalls schuldenfrei und muß nicht länger von der Sozialhilfe leben.

B. S. – Jackson, CA

Taktisches Vortragen deines Anliegen

In Kapitel 6 wurde eine in Vergessenheit geratene Wahrheit wiederentdeckt. Dort konntest du lesen, daß sowohl Hanna, wie auch Jeftah, die Witwe von Zarpat, der Hauptmann und Kornelius ihr sehnsüchtigstes Verlangen (ihr Gebet) mit ihrer kostbarsten Gabe verbunden haben. Du hast gesehen, daß Gott ein solches Handeln sofort bemerkt und sehr geschätzt hat. Du weißt, daß dies wahr ist, weil einer Seiner Engel gesagt hat, das Verbinden von Gebet und Geben bewirkt, daß das Anliegen *bei Gott Beachtung finden wird.* Der Engel sagte außerdem, daß Gott – wenn Er so etwas sieht – bereit ist, ein solches Gebet rasch zu beantworten.

> *...Kornelius! Dein Gebet ist erhört und ihm ist gedacht worden, und deine Almosen für die Armen sind von Gott gesehen worden und haben bei ihm Beachtung gefunden [, so daß Er darauf bedacht ist, dir zu helfen].*
>
> *Apostelgeschichte 10, 31 (Erweiterte Version)*

Verschaffe dir Beachtung

Um mit deinem Schuldenfreiheitsplan besonders viel Aufmerksamkeit zu erregen, mußt du dein Gebet mit einer angemessenen Gabe verknüpfen – einer Gabe, die den Vater sofort auf dein Anliegen aufmerksam macht. Du mußt auf dein Herz hören und einen Betrag festsetzen, den du geben willst und durch den *die Ernsthaftigkeit deines Anliegens, schuldenfrei zu werden*, zum Ausdruck kommt. Bedenke beim Festsetzen der Summe: Wenn für dich dieser Betrag *wirklich bedeutungsvoll* ist, wird er mit Sicherheit auch *für Gott von Bedeutung sein.* Wenn deine Gabe für dich jedoch nur eine beiläufige Sache ist, wird sie bei Gott sicherlich auch nicht ins Gewicht fallen.

Diese Wahrheit kenne ich schon seit langer Zeit. *Wenn schon mich meine Gabe nicht berührt, wird sie bei Gott sicherlich auch nichts bewirken.* Du siehst also, daß Gott im Hinblick auf dein Geben ebenso empfindet wie du.

> *Denn wir haben nicht einen Hohenpriester,* ***der nicht Mitleid haben könnte mit unseren Schwachheiten*** *[mit der Menschheit]...*
>
> *Hebräer 4, 15*

In der Erweiterten Version wird derselbe Vers folgendermaßen formuliert:

> *Denn wir haben nicht einen Hohenpriester, der nicht fähig wäre, zu verstehen und Anteil zu nehmen und unsere Gefühle der Schwachheit zu teilen...*
>
> *Hebräer 4, 15 (Erweiterte Version)*

***Erfahrungsbericht*:**
Ich hatte nicht genug Geld, um mein Auto reparieren zu lassen, deshalb betete ich zu Gott und gab als Zeichen der Dringlichkeit ein Opfer. Ich betete für ein Wunder, durch das meine Schulden ausgelöscht werden würden, und innerhalb eines Monats erließ mir der Autohändler, bei dem ich mein Auto gekauft hatte, die restlichen Schulden und übergab mir den Fahrzeugbrief. Außerdem reparierten sie alle Mängel an meinem Wagen. Der Geschäftsführer der Autofirma erklärte mehrmals, er wisse nicht, warum er das mache.

L. B. – Columbus, OH

Sobald du sagen kannst, „Ja, ich glaube, und ich werde diese fünf Schritte befolgen", bist du auf dem Weg zum totalen Sieg über deine Schulden. Wenn du sagen kannst, „Ja, ich glaube, und ich bin bereit anzufangen", dann fülle den Vordruck auf der nächsten Seite aus und sende ihn mir an diese Adresse:

John Avanzini
P.O. Box 917001
Ft. Worth, TX 76117-9001

Ich freue mich darauf, von dir zu hören, damit ich dein kombiniertes Gebet vor den Vater bringen und mit dir übereinstimmen kann, daß du so schnell wie möglich schuldenfrei wirst.

Hiermit erkläre ich, daß ich Gottes Schuldenfreiheit annehme

Ich, ______________________ , beschließe hiermit, alle fünf dieser wirkungsvollen Strategien, die mich schuldenfrei machen, anzuwenden.

- *Dinge, die ich weiß*: Mein Gott löscht Schulden aus, Er behandelt alle Menschen gleich, und Er möchte, daß ich schuldenfrei werde.

- *Dinge, die ich tun werde:* Ich werde daran arbeiten, meine Schulden loszuwerden, und ich werde mit meinen Worten zum Ausdruck bringen, daß ich schuldenfrei sein werde.

- *Ein offener Himmel:* Meine Familie und ich werden unter einem offenen Himmel leben, weil wir regelmäßig den Zehnten bezahlen.

- *Die Goldene Regel:* Ich werde jemand anderem helfen, seine Schulden zu bezahlen, denn ich weiß, daß Gott mich dabei unterstützen wird, schuldenfrei zu werden, wenn ich das tue.

- *Beten und Geben:* Ich werde mein Gebet mit Geben verbinden, um schuldenfrei zu werden. Meine Gabe wird gut und angemessen sein, und sie wird ausdrücken, wie ernst es mir mit meinem Anliegen ist. Ich werde DM __________ geben. Für mich ist dies ein bedeutender Betrag, und ich weiß, daß dies Gott zeigt, wie dringlich mein Gebet ist.

Bitte schreibe deutlich.

Name: ______________________________

Adresse: ____________________________

PLZ, Stadt: __________________________

Land: ______________________________

Tel.: _______________________________

Fülle diesen Vordruck aus und schicke ihn heute noch ab!

Weitere Bücher des Adullam Verlages

Du bist als Original geboren, stirb nicht als Kopie!
John Mason
55732 128 Seiten DM 14,80

Dieses Buch ist dazu gedacht, Durchschnittlichkeit und unerfüllte Träume endgültig aus deinem Leben hinauszubefördern. Der Schreibstil des Bestsellerautors J. Mason ähnelt dem Buch der Sprüche aus der Bibel. Durch kurze Aussprüche regt er zum Denken an, fordert heraus und ermutigt. So beinhaltet dieses Buch in 52 Kapiteln Wahrheiten, die Hindernisse einreißen, damit du Vortrefflichkeit erreichst und in die ganze Fülle eintreten kannst, zu der Gott dich geschaffen hat. Gott hat dich für eine spezifische, einzigartige Aufgabe erwählt. Er will nicht, daß du eine andere Person nachahmst, sondern genau das Original wirst, zu dem Er dich berufen hat.

Die Furcht des Herrn – Entdecke, wie du ein enger Freund Gottes sein kannst
John Bevere
55392 210 Seiten DM 22,80

Mehr als je zuvor fehlt uns etwas in unserem Gebet, in den Gemeinden und im persönlichen Leben. Etwas, das Intimität mit Gott aufbaut, das unser Leben real und rein und uns zu Kindern Gottes macht, die vom Heiligen Geist geleitet sind. Dieses „Etwas" ist die Furcht des Herrn! Der Autor zeigt, wie wichtig es für uns ist, Gott zu fürchten. In seiner liebevollen und doch sehr konfrontierenden Art fordert John uns heraus, Gott täglich die Ihm gebührende Ehrfurcht in unserem Leben und unserer Anbetung zu erweisen. **Dieses Buch wird dein Leben und deine Beziehung zu Gott revolutionieren!**

Die wahre Größe einer Frau
– In dir steckt mehr, als du siehst
Lisa Bevere
55388 216 Seiten DM 22,80

Einer Frau ist es oft sehr wichtig, welche Konfektionsgröße und welches Körpergewicht sie hat. Sie mißt ihren „Wert" oftmals an einem Standard, der von anderen aufgestellt wird. Somit steht und fällt ihr Selbstbewußtsein mit den Schwankungen der gegenwärtigen Meinungen, und sie erlaubt anderen, darüber zu bestimmen, wie sie über sich selbst denkt. Dies führt nicht selten zu Depressionen und anderen psychischen oder körperlichen Problemen.

In ihrer offenen und direkten, aber doch einfühlsamen Art deckt Lisa Bevere die feinen Einflüsse und offensichtlichen Lügen auf, die viele Frauen gefangenhalten. Mit der augenöffnenden Wahrheit des Wortes Gottes entlarvt sie diese Lügen und hilft dir, deinen wahren Wert in Christus zu entdecken. Erst dann kannst du dich so sehen, wie Gott dich sieht, und du wirst aufhören, dich mit anderen zu vergleichen.

Gottes Generäle
– Warum sie Erfolg hatten und warum einige scheiterten
Roberts Liardon
55111 413 Seiten Hardcover DM 39,90

In diesem umfangreichen Werk hat Roberts Liardon den ansteckenden Eifer und den dynamischen Geist zwölf legendärer Erweckungsprediger, wie John G. Lake, Smith Wigglesworth, Kathryn Kuhlman, Evan Roberts und anderer, eingefangen. Die historisch ergiebigen Kapitel vermitteln dem Leser einen prägnanten Einblick in die maßgeblichen Ereignisse, die die Gemeinde um die letzte Jahrhundertwende geprägt haben.

Die Schule des Geistes – Erfolgreiches Leben in der geistlichen Welt
Roberts Liardon
55852 170 Seiten DM 19,80

Vom Heiligen Geist geleitet zu werden, beeinflußt jeden Teil deines Lebens. Gott möchte dir in jedem Bereich deines Lebens helfen. Dabei möchte Er dir nicht den Spaß verderben, sondern dich weit über das hinaus, was du dir vorstellen kannst, segnen. In diesem Buch wirst du lernen:

- Wie du deinen Geist stärken kannst
- Sieben biblische Weisen, wie Gott Sein Volk leitet
- Die positiven Auswirkungen des Sprachengebets
- Wie du dein „inneres Zeugnis" erkennst
- Wie du dich von unbiblischen Weisen der Führung befreist

Der Köder des Feindes – Deine Reaktion bestimmt deine Zukunft
John Bevere
55642 ca. 220 Seiten DM 22,80

- Mußt du immer deine Version der Geschichte erzählen?
- Bist du leicht mißtrauisch und neigst zu Unterstellungen?
- Drehen sich deine Gedanken ständig um deine alten Verletzungen?
- Hast du resigniert, weil dir jemand etwas angetan hat?

Dieses Buch deckt eine der heimtückischsten Fallen auf, mit deren Hilfe Satan versucht, dich von Gottes Willen abzubringen – die Kränkung.

Außer Kontrolle und begeistert darüber!
– Wie du Gott das Steuer deines Lebens überläßt
Lisa Bevere
55741 210 Seiten DM 22,80

Lisa Beveres Leben war ein brodelnder Unruheherd, bis sie erkannte, daß immer dann alles im Chaos endete, wenn sie die Kontrolle übernahm. Dieses Buch ist ein Bericht darüber, wie sie ihre panisch-hektische Kontrolle aufgeben und Gott das Steuer überlassen konnte, der sie in einen Hafen der Ruhe und des Friedens brachte. Der Inhalt dieses Buches zeugt uns, wie wir unser Leben – unseren Ehepartner, unsere Kinder, unsere Finanzen, unseren Beruf oder Dienst – Gott unterstellen können. Halten wir all diese Dinge so verbissen fest, daß Gott nicht mehr in unser Leben eingreifen kann? Wenn wir loslassen, werden wir die Freiheit und den Frieden Gottes erleben, die Er uns zugedacht hat.

Laß los, was dich zurückhält
John L. Mason
55963 140 Seiten DM 14,80

Kommunikation, Sex & Geld – Die drei häufigsten Beziehungsprobleme zwischen Mann und Frau
Edwin Louis Cole
55826 167 Seiten DM 19,80

Wenn Luzifer und Isebel deine Gemeinde besuchen
Dick Bernal
55931 74 Seiten DM 9,90

Der Ruf des Geistes
Roberts Liardon / Smith Wigglesworth
55116 179 Seiten DM 19,90

Sonderpreise, nur solange der Vorrat reicht:

Die göttliche Invasionsmacht
Roberts Liardon
55803 58 Seiten DM ~~8,90~~ DM 5,-

Spukhäuser, Geister und Dämonen
Roberts Liardon
55804 128 Seiten DM ~~12,80~~ DM 7,-

Halte fest an Gottes Wort!
Roberts Liardon
55911 64 Seiten DM ~~5,90~~ DM 4,-

Vergiß nicht, was Er dir Gutes getan hat!
Roberts Liardon
55921 48 Seiten DM ~~5,90~~ DM 4,-

Schluß mit dem Versteckspiel
Richard Perinchief
55901 64 Seiten DM ~~8,90~~ DM 5,-

Der Preis für geistliche Kraft
Roberts Liardon
55801 37 Seiten DM ~~7,90~~ DM 5,-

Religiöse Politik – Menschen- oder gottgefällig?
Roberts Liardon
55802 Minibuch DM ~~2,90~~ DM 2,-

Erscheinen im Herbst/Winter 2000

Kostbarer als Geld
von John Avanzini

Ich mit meiner großen Klappe
von Joyce Meyer

Überwinde Durchschnittlichkeit
von John L. Mason

Porträts mutiger Männer
von Edwin Louis Cole

Entdecke deine Bestimmung
von Mike Murdock

Laß dich nicht einschüchtern!
von John Bevere

und weitere.

Fordern Sie unseren aktuellen Katalog an; wir informieren Sie gerne über weitere Projekte und Termine.